食べる旅

韓国むかしの味

平松洋子

とんぼの本
新潮社

食べる旅　韓国むかしの味／目次

文／平松洋子　写真／日置武晴、Lee ChungMin（BAOBAB）、菅野健児（新潮社写真部）

【韓国全土マップ】

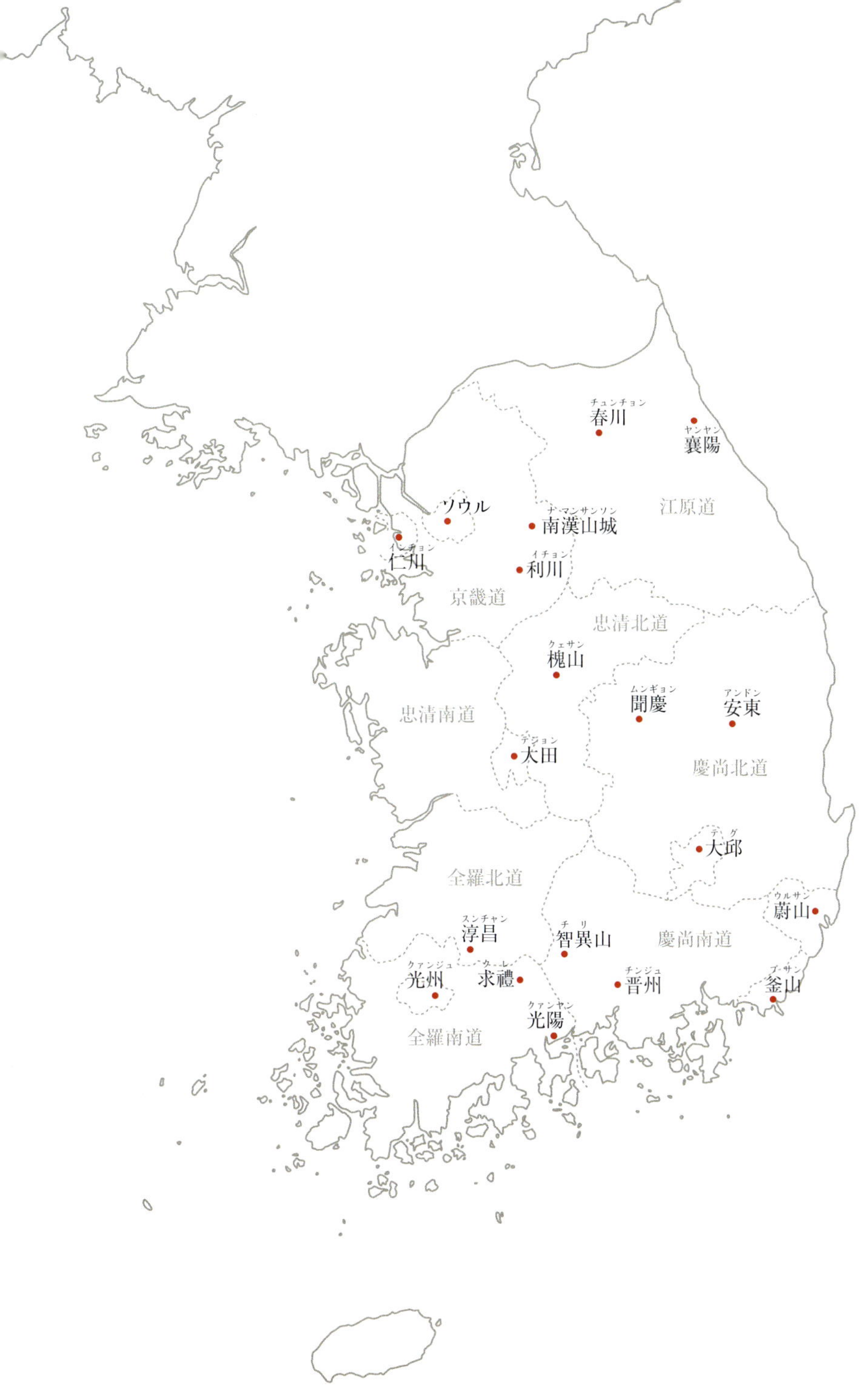
春川《チュンチョン》
襄陽《ヤンヤン》
江原道
ソウル
南漢山城《ナマンサンソン》
仁川《インチョン》
利川《イチョン》
京畿道
忠清北道
槐山《クェサン》
聞慶《ムンギョン》
安東《アンドン》
忠清南道
大田《テジョン》
慶尚北道
大邱《テグ》
全羅北道
蔚山《ウルサン》
淳昌《スンチャン》
智異山《チリ》
慶尚南道
光州《クァンジュ》
求禮《ウレ》
晋州《チンジュ》
釜山《プサン》
光陽《クァンヤン》
全羅南道

むかしの味に出会う旅

ソウル

서울

直球勝負、たましいを揺さぶる韓国料理の真の味わいは、
むかしの味のなかにこそ見つかる。
食べ歩くのではない。韓国の深層に分け入るのだ。
いまなら、まだ間に合う。
ソウルの喧噪のなか、ひとつひとつ丹念に探しだした
かけがえのない珠玉の味。
いまの味の源流をだいじに味わいにゆく。

ビルに押し潰されそうな路地裏の茶洞エリアは、むかしの味の宝庫。

白飯定食

백반［ペクパン］

◉内江《ネガン》 내강／ソウル・茶洞《タドン》

うっかりすると見逃してしまう小さな「内江」。左隣は花屋、すぐ右隣は干し鱈のスープで有名な老舗「武橋洞プゴクㇰチㇷ゚」。ビジネス街の中心にあり、昼夜問わずサラリーマンが頼りにする店のひとつでもある。

ソウル市庁舎のすぐ裏手、茶洞にくるとうれしいけれど、ちょっとさみしくもなる。まだここが残っていてよかった、いつか消えてしまうかもしれないと複雑な感情に襲われ、どきどきしながら足に記憶を刻みこむようにして歩く。

オフィスビルの谷間、ひっそりとした一角に飲食店がひしめくのだが、どこか時代遅れの匂いもする。じつはこのエリアこそ、むかしの味の宝庫。韓国のある作家は「茶洞はソウルの文化の故郷」と言い、ある画家は「青春そのもの」と言う。そんな話をさんざん聞いて夕暮れに武橋洞のほうへ抜けていると、放歌する声、機嫌のいい会話、箸で茶碗を叩く音……むかしのさんざめきが耳の奥で鳴る。

茶洞の空気を伝える店のひとつが「内江」。あまりのちいささ、かわいらしさについ見落としそうになるのだけれど。キム・ジンスンおばあちゃんは77歳。40年前からずっと、おなじ場所、おなじ味、10席に満たない店の内装も、一度も変えたことがない。できますものは「白飯定食」ひとつだけ。値段は泣ける安さの5500ウォン。奇跡のようなむかしながらの定食である。

ごはんはすぐ目の前、店のかたすみで炊く。使いこんだ釜に米、数つぶの黒豆、水。そこへ使いこんだアルマイトのたらいをばさっとかぶせて蓋にし、1日に数度ガス火で

ずっとここで味を守ってきた。
「ゆっくり、いっぱい
食べていきなさい」

처음처럼
흔들어라!
더 부드러워진다

小さな店に漂う
炊きたてのごはんの甘い香り

炊く。ナムルに使う季節ごとの野菜はわざわざ江原道から取り寄せる無農薬のもの。テンジャンは自分で火入れしてこくをだす。海苔のつくり置きは絶対せず、客足が一段落したタイミングを見計らって、自分でごま油を塗り手で焼く。早朝からくるくる動いて働きづめ、その甲斐あっての「白飯定食」は、そこいらのおいしさではもちろんない。

　壁ぎわの細長いカウンターに、ナムルがずらりと並ぶ。自分ですきなものをすきなだけごはんにのせ、テンジャンをかけて混ぜ、頬張る。特製のペチュックク（白菜のスープ）は白菜やあさりを大鍋で煮こんだシンプルな塩味の一品だが、えもいわれぬこくがあって何度食べても飽きない。長年の客は、息子や娘どうぜん。遅めの昼に駆けこんできたサラリーマンに、ジンスンおばあちゃんは背中をとんとん叩きながら「ゆっくり食べていきなさい」。目の奥がいつも優しい。帰りがけ、「また来ます。元気でいてくださいね」と言ったら、「これ、持っておいき」と、きつね色のおこげをビニール袋に入れて手渡してくれた。

　ソウルでも最古参といわれる店が、すぐ近所のチュタン（どじょう汁）専門店、1932年創業「湧金屋《ヨングムオク》」（次頁）である。牛肉とコプチャン（腸）でとったスープでどじょう、油揚げ、野菜をくつくつ煮こんだ3代めが守る味は、熱い汁を啜ると胃の腑へじんわり吸いこまれてくせになる。どじょうは骨つきのまま使うのがソウル式だから、まるごと食べられる小さいどじょうを全羅北道から取り寄せている。「湧金屋」では、やっぱりマッコリや焼酎を飲みたい。肴にどじょうの唐揚げ、トドック（ツルニンジン）、ゆでだこ。あれこれつまみながら、仕上げの熱い汁を楽しみに待つひとときは、この店ならではの時間だ。

ジンスンおばあちゃんにとって、お客はみなこどものようなもの。大きな釜で1日に数度ごはんを炊いて、自慢の定食でもてなしてくれる。底にできたおこげに湯をかければ、おこげ湯スンニュンになる。

◉湧金屋《ヨングムオク》 용금옥／ソウル・茶洞《タドン》

どじょう汁

추탕［チュタン］

熱い滋味のなかに激動のソウルの歴史がある

一隅に座っていると、いつも思う。ここにはソウルの佳き時代の空気が棲んでいる。ジャーナリスト、李容相の著書『湧金屋時代』には、店に出入りしていた文化人や新聞人たちの交流のようすがくわしく描かれており、郷愁を誘う。たとえばこの一文。「戦後、文化がいちじるしく変化してゆくなか、決して変わらない『湧金屋』の味は最後の砦に思われる」

　こんなエピソードがある。現ソウル大学で学んだある人物が、北朝鮮に渡って政府高官となった。1953年、板門店で休戦会議がおこなわれたとき、ソウルから取材に訪れた記者にその人物が問うた——「まだ『湧金屋』は健在だろうか」。国境を越えた青春のロマンは、そののち韓国の新聞紙面を飾ったという。かつて茶洞近隣には東亜日報や朝鮮日報ほか韓国の主要新聞各社が集まっており、「湧金屋」はいち早くニュースが飛びこんでくる場としても注目を集めた。むかしの味には、時代の熱もいっしょに吹きこまれているのだ。

　スッカラですくって啜る赤いどじょう汁。じわっとうまみが広がる味は、料理の腕前のよさで聞こえた初代の女主人が生涯守りつづけたおいしさであり、「湧金屋」がむかしを伝えつづける茶洞のシンボルでもある。

狭い通路を入ってゆくと、いきなり調理場がある。桶のなかにいきのいいどじょうが跳ねる様子を見ると、ああここも変わっていないと安心する。

◉珍古介《チンコゲ》　진고개／ソウル・忠武路《チュンムロ》

包みキムチ
보쌈김치〔ポッサムキムチ〕

カルビ煮込み
갈비찜〔カルビチム〕

60年代を彷彿とさせる
甘くてこっくりとしたソウルの味

右：しゃきっとしたさわやかな歯ごたえの包みキムチ。なつめ、梨、朝鮮人参、松の実、魚入り。切り分けてから食べる。左：ほろほろに柔らかく煮込んだ豚肉がおいしいカルビ煮込み。桂皮や甘草がきいてこっくりとした甘さが特徴だ。

ウエイターは蝶ネクタイ。ウエイトレスは白衿ワンピースに白エプロン。日食（日本料理）部もあるレトロな店だが、1963年開業以来のスタイルが貴重だ。

名物料理は包みキムチ、カルビ煮込み、ぴりぴりと独特の刺激の蟹の薬味漬け（ヤンニョムケジャン）、豚肉やいか入りのえごまのジョン、コプチャンチョンゴルなど。包みキムチは日に80個以上仕込む人気料理で、絶妙の漬かり具合の4〜6日めに出す。どの料理にも共通している甘さこそ、ソウルのむかしの味。甘みが貴重だった時代の名残りである。その特徴を大切にしながら、素材は新鮮。「その日につくったものだけを出し、ヤンニョムも野菜も毎日使い切るスタイルを守っています」と2代め主人が胸を張る。

◉味成屋《ミソンオク》 미성옥／ソウル・明洞《ミョンドン》

ソルロンタン 설렁탕［ソルロンタン］

ゆで肉 수육［スユク］

明洞の路地裏にひっそり隠れた名店である。メニューは1964年の開店以来、ソルロンタンとゆで肉の2品だけ。1日500杯以上でるソルロンタンは、韓国産の牛を12時間かけてじっくり煮てつくる。「いいものだけ使って、毎日きちんとつくることがだいじです」という店の主人の言葉通り、味わいはさらりと上品、その奥でたしかなおいしさが微笑んで期待を裏切らない。「味成屋」のゆで肉は豊饒のひと皿。胸の部位ヤンジモリ、タン下、霜降り、ハツなどを切り分けた盛り合わせは、舌触りも風味も香りも1種類ずつぜんぶちがう。青唐辛子やにんにくを合いの手に1枚ずつゆっくり味わっていると、最高の酒の肴をひとり占めした気分になる。牛肉の贅沢な味わいかたに、ため息が洩れる。

右：ソルロンタンはキムチやカクトゥギ、塩こしょう、自分の好みの味に整えて食べる。途中でごはんを入れてクッパにしても。

上：ずっと明洞の路地裏のおなじ場所。「長年のお客さんのためにも動けません」と2代め主人。明洞のバーガーキングの左脇の路地を奥へ入って進むと、むかしながらの店が現れる。

牛肉をとことん味わい尽くす。
韓国の肉食文化がひと皿のなかにある

豚焼き肉

돼지갈비

［デジカルビ］

◉麻浦《マポ》チンチャ元祖《ウォンジョ》チェデポ　마포 진짜 원조 최대포

ソウル・麻浦《マポ》

おなじ名前の店が全国にたくさんあるけれど、ほんものは麻浦のこの老舗。秘伝のヤンニョムで味つけした肉厚で香りのいいデジカルビと皮のおいしさを、ぜひ体験してほしい。

足を向けるたびに再開発が進んでいる麻浦地区だが、豚焼き肉屋が多いのは何十年も変わらない。なかでも1956年からつづく「元祖チェデポ」は草分け。米軍から供出されたドラム缶を焼き台に仕立てて練炭で焼くスタイルも当初からおなじ、初代からつづくヤンニョムの味、京畿道から独自に仕入れる豚肉のおいしさも変わらない。

デジカルビ、塩焼きソグムグイ、皮焼きコプテギ、この3つが店の大看板だ。とりわけコプテギは、ほかでは出合えない珍味。牝豚の皮の脂を落としながらゆっくり煮こんで味をつけ、ムラなく乾かしたものを焼くと、むちむちっと独特の粘りがあとを引くうまさ。たいへんな手間がかかっている。

郷愁だけではない。ここは、ずしっと腹の底から満足させてくれる貴重な店。いつまでもだいじにしたい。

熱い肉汁がほとばしるデジカルビ。
むにっと粘る珍味、皮焼きコプテギ

◉コマキムパプ　꼬마김밥
ソウル・広蔵《クァンジャン》市場《シジャン》

海苔巻き
꼬마김밥 [コマキムパプ]

ぱくっとひとくち
魅惑のちびっこキムパプ

食べ出したら止まらない誘惑の味。「麻薬」と呼ぶひとまでいる。巻いたそばから黒くて長い棒の山が崩れるように売れてゆくのが、「広蔵市場」に店を出して30年、ユ・ヤンスクさんと娘さんがつくる細くてちいさなキムパプだ。韓国でも海苔は新羅時代から食べられていたが、海苔巻きのかたちで登場したのは50～60年代。日本から伝わった味である。海苔巻きは、韓国と日本ふたつの国の味がする。

親指ほどのちいさなキムパプは、辛子を溶いた醬油をつけて食べる。中身はにら、にんじん、たくあんなど。テイクアウトに包んでもらうお客もひっきりなし。

韓国でたったひとつ
焼きたて卵焼きでくるむ
オモニの味

◉奉天洞《ポンチョンドン》チン・スンジャ キムパプ 봉천동 진순자 김밥

ソウル・奉天洞《ポンチョンドン》

卵海苔巻き

계란말이 김밥

［ケランマリ キムパプ］

ポンチョン駅近く、36年間独特のスタイルを貫き続けてきた店主チン・スンジャさんの味は1本まるごと卵巻き。魚肉ソーセージ、にら、たくあんを入れた細いキムパプを卵で巻いて焼き、辛いたくあんの漬物といっしょに食べる。「昔、キムパプに目玉焼きを添えて出していた頃、目玉焼きのなかに落っこちて偶然できたんです」。この味でこどもたちを育ててきた。一家を支えたオモニの味でもある。

使いこんだ鉄板に卵を落とし、海苔巻きをくるんで焼く。一日中客がひっきりなし、朝6時から翌朝まで交代で巻き続ける。

◉田舎家《シゴルチプ》 시골집／ソウル・鍾路《チョンノ》

酒の肴

술상 ［スルサン］

かつてしずかな書画骨董の町だった仁寺洞《インサドン》は、今やにぎやかな観光地。すっかりむかしの趣きが薄くなってしまったが、この「田舎家」だけは変わらない。ソウルでゆったりと流れるむかしの時間に身を浸したいとき、わたしはかならずここに寄る。もと旅館だった韓国伝統の貴重な家屋は、85年に店主の故郷安東名物のプルコギとクッパプの店をだすために譲り受けたもの。変化の激しい都会にあって「味も建物も変えない」意志を貫いて、こんにちの「田舎家」がある。安東らしさを守るのは、まずプルコギだ。肉を包丁で叩いてから味つけし、網にはさんでふっくら香ばしく焼く。ゆでだこも法事や祭祀のときに欠かせない郷土料理のひとつだ。もちろん酒は、すっきりとした淡味が特徴の安東焼酎。おとなのための貴重な空間である。

安東のもてなしの味を、仁寺洞で。
１００年前の家屋が時間の流れを止める

中庭に面した個室はぜんぶで25部屋。オレンジ色の灯り、楽しげなさんざめきが心地いい。左頁：チヂミ、ゆで肉、大鍋で煮込む酒汁スルクク(大根、牛の血を固めたソンジ、ねぎ入り）など、酒を引き立てる味を揃えて客を待つ。

◉盤浦《バンポ》チキン　반포치킨／ソウル・盤浦洞《バンポドン》

にんにくチキン

마늘치킨
［マヌルチキン］

激しいにんにく風味のインパクト。これだけのためにソウルに旅したくなる

ソウルの友だちに教えられて「盤浦チキン」に入った瞬間、胸がきゅんとした。初めてなのになつかしくて。

オムライス。とんかつ。ビーフステーキ、クリームスープ……韓国70年代そのままの味が、日本の思い出の味もいっしょに連れてくる。でも、30年来変わらないにんにくチキンのおいしさは世界でひとつだけ。鶏1羽まるごと、脂を落としながら1時間かけてローストし、切り分けて揚げ、にんにくをどっさりみじん切りにしてつくった特製ソースをまぶす。火傷しそうな熱々を頬張ると、脂を落とし切って凝縮した鶏のうまみ、にんにくや胡椒の香ばしさ。とたんに無言になる。古き佳き洋食の味。そのうえ、がつんとボディブロウを食らわすエネルギッシュなおいしさ。ただものではない。

注文のたび、ローストしたチキンを香ばしく揚げる。よけいな脂がぜんぶ落ちて、おどろくほどあっさり。付け合わせは酸味がきいてさっぱりとした風味のだいこんのカクトゥギ。かりかりぽりぽり、にんにくチキンとの相性は絶妙。不滅の組み合わせに感嘆する。

◉クンギワチプ　큰기와집／ソウル・昭格洞《ソギョクドン》

蟹の醤油漬け

간장게장
［カンジャンケジャン］

「料理の真髄はチャンマッ（醤の味）にあり」という言葉がある。調味料づくりに精魂を傾けるのが、両班《ヤンバン》料理専門店「クンギワチプ」主人、いま40代のハン・ヨンヨンさんだ。彼の出発点は全羅北道で両班の娘として生まれた母の味。全国を歩いて郷土料理の修業を重ね、「新羅ホテル」などを経て、かつて両班だけが居住を許可された景福宮近くの現在の地に店を開いた。そのシンボルがカンジャンケジャン。蟹の鮮度のよさはもちろん、漬けこむ醤油がすばらしい。味噌玉を発酵させて醤油を仕込み、黒豆、牛肉、あわび、干しえび、干しダラなどといっしょに煮てから漉し、ハンアリ（瓶）で熟成させる。かつて母から伝授された「チャンマッ」がみごとに花開いた逸品だ。

「カンジャンケジャン定食」は豆のスープ、薬草を発酵させた酵素入りのドレッシングで和えた野菜のサラダ、緑豆の和えもの、焼いたひらめ、キムチなどキレのよい美味揃い。落ち着いた雰囲気の店内でゆっくり味わえるのもいい。

両班の味がすべての基本。
誘惑の美味がねっとりからみつく

CCTV 24시간 녹화중
대복상회
냉콩국수
냉콩국수
동부A 64호
하니네
순대.잔치국수
2268-6738
성미식품
동명홍삼
식료품 신물용
성미식품
일회용품 잡화
2267-2928 016-292-2928
Coca-Cola

ソウルの食いしんぼうは
広蔵市場を目指す。
韓国で最初の公設市場は
悠々100年の歴史あり。
アーケードの下に
ぎっしり、うまいもん。
今に媚びないむかしの味が
がつんとこころに響く

広蔵市場は地下鉄1号線「鍾路5街駅」8番出口を上がると、すぐそこ。連日大にぎわい。

腸詰め

순대［スンデ］

◉ハルモニチプスンデ　할머니집 순대
ソウル・広蔵市場《クァンジャンシジャン》

鍛えた腕一本、スンデの絶妙の味が常連客を呼びつづける。糯米は米どころ利川から取り寄せ、素材のよさにこだわる。

ソウルには大小合わせて30近くの市場があり、食材や食器、工芸品、韓方、韓服、電化製品……韓国の生活がぎっしり詰まっている。なかでも食いしんぼうの楽天地は東大門ちかくの「広蔵市場」。朝鮮時代、王宮の倉庫があった場所である。ここにはわざわざ食べに行きたい店がぎっしり居並ぶから、胃がひとつしかないのがくやしい。

10年ほど前に市場の店がお金を出し合ってつくったというアーケードの下、これでもかと食べもの屋がえんえん軒を並べる。そのなかにあって、脈々と継承されてきたむかしの味がきょうも元気にがんばっている。

スンデ専門の「ハルモニチプスンデ」のスンデは、「広蔵市場」100年の歴史をつたえる味。豚の腸に血を混ぜた糯米《もち》を詰めて蒸す。いわば韓国版ブーダンノワール、腸の太い部分マクチャンを使う珍しいスタイルだが、これは朝鮮戦争後、近隣に住み始めた北朝鮮出身のひとびとのやりかた。店主のオ・インスクさんは先代の義母から教わった通り、太いマクチャンで香りのいいスンデをつくる。仕込みは毎朝8時スタート、店で出すものはぜんぶ自分でこしらえるから座るひまもない。盛り合わせを頼むと皿いっぱいにスンデの太いの、細いの、頭の肉、胃、肝臓。さらりと淡白でくせのない風味は、丁寧な下ごしらえの証しだ。

手づくりスンデと
マッコリで
昼間から極楽いい気分

◉奨忠楽園《チャンチュンナグォン》トクチプ 장충낙원떡집
ソウル・広蔵市場《クァンジャンシジャン》

小豆入り黍お焼き

수수부꾸미［ススプクミ］

ここでしか食べられない
韓国の懐かしのおやつ

「ここのスンデにはカムチルマッがあります」

スンデが食べたくなると、地下鉄に乗って江南から足を運ぶという常連客のおじさんが言った。カムチルマッは「舌鼓を打ちたくなる」「こころを引きつける」という意味。オモニの人生劇場のような１００年を経た市場、そのなかにあって、オさんのスンデは琴線に触れる味なのだ。

韓国のお年寄りが「ああ懐かしい」とつぶやくのが黍のお焼きススプクミ。生地はスス（黍）入りの餅粉、なかに手製のあんこ。40年まえから餅菓子専門店を営む「奨忠楽園トクチプ」が軒先で郷愁の味を焼いている。緑豆のお焼きピンデトクをじゅうじゅう焼く匂いも、「広蔵市場」名物。たっぷり厚みがあって、けちけちしていない。素朴なむかしながらの大きさにうれしくなる。

じつは、わたしのいちばんの目当てはユッケ。80年代に

なかのあんも手製。餅粉に黍や小麦粉などをくわえて練り、生地にあんを入れて折って、半月形にして焼いたものをプクミと呼ぶ。

姉妹ではじめたユッケ専門の「チャメチプ」（次頁）の、手切りで細く刻み、丁寧に筋を取った新鮮な牛の前脚肉の刺身だ。１頭からふたつしかとれない稀少な部位は見惚れるほど艶やかな赤身。淡白なのにうまみがしっかり乗って、歯で噛むとさくさく切れがいい。ヤンニョムでさっと和えて、添えるのは卵黄、梨、松の実だけ。緻密で深いおいし

◉スンヒネ ピンデトク 순희네 빈대떡
ソウル・広蔵《クァンジャン》市場《シジャン》

緑豆のお焼き

빈대떡［ピンデトク］

緑豆は石臼で碾きたて。
かりっと焼いて、さくさくの食感

１枚4000ウォン。じっくり時間をかけて両面をこんがり焼く。碾いた緑豆やもやしをたっぷり使ったさっくりとしたピンデトクは、むかしのままの庶民の味。

◉ユッケ チャヤメチプ 육회 자매집
ソウル・広蔵市場《クァンジャンシジャン》

肉の刺身

육회
［ユッケ］

さなのに、するすると平らげてしまう。甘みたっぷりのぶ厚い生レバー、こりこりのセンマイの刺身の味わいも、じつにきれいなものだ。

「広蔵市場」にはピビムパプ屋がたくさんある。サラダバーさながら、細長いカウンターに生野菜やキムチがずらり十数種、そこからすきなだけ取るセルフサービスの店にも行きたいし、ポリパプも食べたいなと迷いに迷う。

麦入りのピビムパプ、ポリパプがすきだ。麦が入るだけでさくっと軽く、食感が豊かになる。行くならA-47番の「忠清道麦飯チプ」。麦ごはんの上にのせてくれるのは、トルナムル、さつまいもの茎、もやし、にら、白菜キムチ、えごまの葉、ホバク、そこに味噌とごま油。キム・チャンホおばさんは「ゴム手袋をはめると味が変わる」と、朝6時から素手で料理にかかる。ナムルひとつずつつくるから

たったいま手切りにした新鮮な牛肉は
食欲を直撃する魅惑の甘さ

一日中、朝から晩まで牛肉を包丁で切って筋を除く。ずば抜けておいしい味は、やっぱりひとの手から生まれるのだと実感する。

手がかかってね、と言いながら月に1度しか休まない。

どの店のオモニも「この味でこどもたちを育てたのよ」と胸を張る。時代におもねらない直球のおいしさ。ベンチに腰掛けて舌鼓を打っていると、足もとをすーっと心地いい風が通り抜けてゆく。

麦入りピビムパプ

보리밥 ［ポリパプ］

◉忠清道《チュンチョンド》麦飯《ポリパプ》チプ　충청도 보리밥집
ソウル・広蔵市場《クァンジャンシジャン》

麦入りごはんはくせになる。まるいつぶが、舌のうえでぷりっ

麦を入れたごはんはぱらりとしていて、スッカラで混ぜやすい。ふんだんにナムルや野菜が入って1杯4000ウォン。下ごしらえに手間がかかるから、今ではソウルでもポリパプ屋は減るいっぽうだ。

◉徳寿宮伝《トクスグンチョン》 統茶 房《トンチャッチブ》 덕수궁 전통찻집
ソウル・西小門洞《ソソムンドン》

伝統茶
전통차
［チョントンチャ］

からだにじんわり沁み通る。

天然自然の薬効は韓国の知恵のたまもの

伝統茶を飲むと、韓国の歴史と文化をそのままからだに入れることになる。生活の知恵をこらした穀物や果実、漢方の素材が多く使われるのは、かつて李氏朝鮮時代、李成《イソン》桂《ゲ》によって仏教が排され、儒教が尊ばれたことと深い関係がある。寺院と結びついていた茶園はしだいに衰退の一途をたどり、同時に喫茶の風習も廃れてゆく。入れ替わるようにして飲まれはじめたのが、自然の産物や漢方の素材を生かした伝統茶の数々だ。「徳寿宮伝統茶房」はオフィス街のなかのちいさな店だが、伝統茶づくりの腕前は飲んですぐわかる。忠清道出身の女主人が精魂こめてつくる味わいには透明感があり、すーっと沁み通る。体にいいだけでなく、おいしいから毎日通いたくなる。

左上／鉄分補給や精神安定によいテチュチャ（なつめ茶）、左下／モクレン科の五味子の実を水に浸してつくる滋養強壮によいオミジャチャ（五味子茶）、右上／心臓や肺によいセンメㇰサン（生脈散）、右下／体質改善に有効なシㇷ゚チョンテボチャ（十全大補茶）。センメㇰサンのみ6000ウォン、そのほかは5000ウォン。お茶菓子は生栗（おいしい！）、銀杏、干しぶどう。

千客萬來

덕수궁
전통찻집
773-0885
덕수궁
전통찻집
진또배기
2F

むかしの味を求めて、韓国全土、北へ南へ

한국

光舞う初夏。凍てつく厳寒の冬。
国境近く、北の山村。南のちいさな港町。
30年近く韓国全土を旅しながら
味の巡礼のような旅を重ねてきた。
無形文化財の名菜から郷土料理、
オモニの手がつくりだす家庭の味まで
味覚を手だてにして知るのは
朝鮮半島の一衣帯水の気候風土、
民族の歴史、医食同源の豊かな知恵のかずかず。
さらには日本とのふかい関わりを発見する。
味の巡礼は、文化を自分のからだのなかに入れることだ。

全羅南道・光陽の青梅実農園にて、ずらりと並ぶハンアリ。中に詰められた梅入りのテンジャンやコチュジャンがじっくりと熟成されていく。

全羅南道《チョルラナムド》・求禮《クレ》

ナムル

나물［ナムル］

◉求禮《クレ》五日市《オイルチャン》　구례오일장

野生であればあるほど
ナムルはおいしい

「とびきりナムルがおいしい」と韓国全土に名を馳せる土地、それが全羅南道・求禮だ。毎月3と8のつく日に開かれる求禮の五日市には、霊峰・智異山《チリサン》のふもとで採れた野草がいっせいに集まると聞き、市の立つ日に合わせて一路求禮に向かった。

早朝、市に入るなり目を見張った。トゥルプ（タラの芽）、コサリ（わらび）、コグマスン（さつまいもの茎）、カジュク（ニワウルシ）……露店にあふれている葉っぱ、野草、山菜は切りくちまできりっと立って新鮮そのもの、豊富な量にも圧倒される。長年、おなじ場所で露店を出しているソンさんに頼んで、うっすら霧の残る翌朝、自分の摘み場所に案内してもらった。市で偶然知り合ったソンさんだが「わたしの大学生の息子も調査研修で日本に行ったとき、ずいぶんお世話になったから」と、こころよく案内を引き受けてくれた。

ソンさんは63歳、夫のキムさんは65歳。智異山のふもとに代々譲り受けた土地があり、農薬も肥料も使わず、夫婦で野草《ナムル》を何十種類も栽培している。市場へ売りに行くのは

妻のソンさんの役目だ。

「ナムルは野生であればあるほどおいしい。野菜も人も、たっぷり陽を浴びて自然のなかで育ったものに勝るものはないから。農薬や肥料をつかうと確実に育つけれど、からだによくないし、味も落ちる。子どものころから土といっしょに育ちながら学んできました」

土地の手入れを引き受ける夫のキムさんが言う。

「苦いものこそからだにいいから、ナムルも毎日かならず食べなくちゃいけないよ」

智異山のふもと、付近には湧き水。畑で育てる何十種類ものナムル用の野草や野菜を手摘みして、求禮の五日市へ売りにゆく。ソンさんの野菜や野草の新鮮さ、種類の多さは市場でも一目置かれている。

青空の下で味わった智異山のナムルはえぐみ、ほろ苦さ、噛めば噛むほどいろんな味わいが滲み出てくる。その求禮の「ドンウォン食堂」（現在は閉店）にとびきりの「ナムル名人」のハルモニがいると小耳にはさんだ。イ・ナムドクさん、68歳。もともとイさんは20年にわたって求禮一と評判を取った食堂の女主人だった。名士や政治家までイさんの味を求めてやってくるうち、イさんの手は「ミウォンの手」、つまり「味の素の手」と呼ばれ始めた。「おいしさが湧き出る」、そんな特別な手というわけである。

青唐辛子入りの香ばしいチヂミをあっという間に焼いてくれた。わかめスープには本来このくらいたっぷりのわかめを入れる。

イさんは目にも止まらぬ早さでナムルを次々つくる。素材に合わせて指の力の入れ具合も味つけも、全部ちがう。

イさんがナムルを料理する手つきは、じつにすばやい。

「ちからを入れ過ぎると味を損なうし、ゆでる時間は青さを残して的確に見極めます。調味料を入れる量も順番もひとつずつ違うし、手早さも重要です。ナムルは、手の扱いでおいしさがまるで変わる」

茎の筋を除く。根のごみを取る。指で掃除をする。硬い茎のゆで具合は、熱さもいとわず指の腹で押して確かめる。たけのこを指で細く裂く。コチュジャンをすくうのも、塩をつまむのも、フライパンで炒めるときも指。

トラジ（桔梗の根）、コグマスン（さつまいもの茎）、トゥルプ、プチュ（ニラ）、チウィ（シラヤマギク）、コサリ……智異山の野生の緑が巧みな味つけを与えられて、みるみる香り高い一品に変わる。この地方の特徴はナムルにチェンピ（山椒の一種）やトゥルケ（えごまの粉）を使うこと。山椒の刺激、えごまのまろやかさが深みを添え、噛むほどに複雑な風味が増す。イさんの手わざを、智異山の自然が支えていた。早春にはミナリ（せり）、春は春菊やウンゲ（ハリギリの新芽）などの葉もの、5〜6月はチウィ、ふき、たけのこ、カジュク（ニワウルシ）、初夏から夏にかけてはホバク、秋にはコグマスン、晩秋にはきのこ。霊峰のふもとは一年中おいしい水と空気の恵みに溢れている。

京畿道《キョンギド》・南漢山城《ナマンサンソン》

◉オボクソンドゥブ　오복손두부

おにぎり豆腐

주먹두부［チュモクトゥブ］

できたての豆腐のなかに
畑の味、海の味、ひとの味

南漢山城はソウルから車で1時間半ほど、かつてソウル東側を中国の侵攻から守る拠点となった地で、城壁に囲まれたちいさな村である。17世紀前半、当時の国王・仁祖《インジョ》から息子・孝宗《ヒョジョン》が引き継ぎ、2代かけて築いた長い城壁が残されている。緑深い小高い山を登ると、城壁から眼下にソウル近郊が一望できる。カク家は代々この城壁のなかの村に住んで、豆腐づくりを伝承してきた。それが、今では韓国でたったひとつだけの「おにぎり豆腐」の店だ。

朝8時。今日2回めの豆腐づくりが始まった。ぷっくりふくらんだ大つぶの大豆が搾り機にかけられている。右の桶にはもったり重みのあるペースト状の大豆、左におから。ここまでは日本でもおなじみの豆腐づくりの光景だ。昔はメットル（石うす）で碾いて搾ったが、現在はこの段階だけ機械を使う。1回に使う大豆はパガジ山盛り6杯ぶん。パガジはひょうたんを半割にして干してつくる昔の素朴な生活道具だが、この家では現役の「計量器」である。かつては、パガジに豆腐づくりの途中で出た泡を入れて家の前に置くと、それが「豆腐ができました」の合図になった。

まっ白なさらし布できちんと包んだおにぎり豆腐の美しいこと。熱いうちに布で包んで、じっくり時間をかけて水分が抜けるのを待つ手作業なのに、ぜんぶおなじ大きさと厚み。

とろとろの豆乳は大豆の乳。
混じりけのない太陽と畑の味

かまどに新しい薪が入った。炎に勢いがつき、2度搾りの豆乳の表面がなめらかに光る。よいしょ、と櫂のような木の棒を釜に差し入れ、ゆっくり回し始める。

「こうして1時間40分ほど絶えずかき混ぜます。煮立たせないよう、ずうっと混ぜていないと熱が一定に伝わらず、ムラができて焦げついてしまいます」

豆乳を足しながら煮るうち、釜の上に泡がぶくぶく浮いてくる。すると、少しずつ光沢の様子に変化が現れ、しだいにビロードのような鈍い光がくわわる。それをきっかけに、今度は入魂の姿勢でふたたび混ぜ始めた。

ミョンジャさんはほぼ90度に腰を折る。左手のてのひらに櫂の柄の先をぐいと押し当て、それを軸にして右手で静かに回す。腕にも、肩にも、背中にも腰にも足にも、つまり全身がぴたりと決まったひとつの「型」になっていた。

「わかってくださいますか。これが、自分のからだを味にこめるということなのです」

豆腐づくりは泡との競争でもあった。釜の表面に、すくい取っても取っても泡が沸いてくる。あふれる、かき混ぜる、すくいとる、その繰り返し。消泡剤を使わずすべてが手づくりとなれば、これほど泡が出るものなのだ。

「そろそろ代わろうか」

薪が炎を上げ、釜から蒸気が沸き上がる。豆腐づくりの作業場には熱気が立ち込め、立っているだけで背中に汗がつたう。混ぜる姿勢に長年の型があった。

「はい、腕が痛くなってきた」

夫婦が声を掛け合い、交代で攪拌する。うかうかしていると釜の底におこげが張りつく。すると豆腐に焦げ臭が混じり、色も黒ずむ。だいいち豆腐は真っ白に仕上げなければならないから、気は抜けない。

「大変ですが、こうしなければほんとうの豆腐の味になりません。でも、その味をわかってくれる人がいたら、それで十分うれしい」

亡くなった母のチャンスさんは絶対に薪でなければ、と譲らなかった。ガスや練炭では天と地ほど味が違う。3年前に釜だけは誂え直したが、つくりかたは昔のまま。薪の火力が強いときは、すくった泡を薪にかけて調節するのも昔ながらの知恵だ。煮ること2時間。あたりにふわあっとふくよかな甘い大豆の香りが立ちこめた。しばらく蒸らして熱をなだめ、いよいよニガリを打つ。このニガリは、息子のチュンファンさんがわざわざ車を3時間近く走らせ、質のいい塩が採れる安眠島の塩田で手に入れてくる塩分26・5度のかん水だ。桶に釜の中身を移し、ニガリを3度に分けて打ち、そうっと混ぜると、小さなかたまりが現れ始める。豆腐の誕生だ。

包み方もまた、伝統のスタイル。碗に木綿布を敷き、そ

碗にさらしを敷き、熱い豆腐を注ぐ。きゅっと圧力をかけながら包み、手でかたちを整える。しばらく置いて水分を抜き、自然に凝固させてから水に放つ。包むときの豆腐は指が火傷しそうなほど熱い。

こくのある大豆の風味がいっぱいのおにぎり豆腐。唐辛子入りの醬油も弾きかえすほど力強い味わいだ。スンドゥブ（おぼろ豆腐）定食も供する。

こへニガリを打ったばかりの豆腐を入れて布の両端をきゅっと持ち上げながら締め、四角に包む。手伝いの人にやらせてみたこともあったが、できたての豆腐は火傷しそうなほど熱くて、それに、手早く包まなければ固まらないから、みなたちまち音を上げてしまった。休むまもなく、みるみる白い包みのおにぎり豆腐が行儀よく並んでいく。枠に入れて固めるのではなく、あくまで自然の凝固力で水気を除く。こうしてできた１３０個のおにぎり豆腐は、目分量でつくっても全部見事に１個２５０グラム。やわらかなできたての豆腐のなかに畑の味、海の味、ひとの味。

「昔の人の味覚は凄かったとつくづく思います。確かに大変な作業ですが、この味のためにはこのつくりかたしかないのです。だからなにひとつ変えられない」と、夫のチョンブさん。妻のミョンジャさんも言う。

「お嫁に来てから今日までずっとつくり続けてきました。始めは自分に出来るかどうか心配でしたが、今では欲が出たのか、毎日『豆腐づくりはむずかしい』と思うようになりました。もう40年毎日のことなので、ほら」

差し出した小さくて艶やかな手。その手を握ると、指の皮膚がつるつるに磨耗して、指紋がなかった。

食べごたえのある大豆の濃い風味。
南漢山城に行かなければ味わえない

右：ニガリは息子のチュンファンさんが車を3時間走らせ、安眠島の塩田まで分けてもらいに行く。「おにぎり豆腐」のために厳選したニガリしか使わない。
左：中国の侵攻を防いだ南漢山城の城壁。

京畿道《キョンギド》・利川《イチョン》

●テギルトジョンオッタク 대길토종옻닭

漆入り鶏スープ

옻닭［オッタク］

手つかずの自然の恵みが からだにじわじわ浸透していく

かねがね薬膳スープ「漆鶏《オッタク》」の存在を聞いていた。触れただけでかぶれる漆を、いったいどうやってスープに仕立てるのだろう。胃のなかに入れて、ほんとうに大丈夫なんだろうか。がぜん興味をそそられた。こうなったら、からだを張って飲んでみるほかあるまい。

利川は韓国一の米どころ、あちこちに田んぼが広がる静かな土地である。そよと風が吹けば、ふうわり田んぼの緑が揺れる。音ひとつ聞こえないおだやかな土地に暮らしながら、家伝の「漆鶏」をつくるのがキム・テギルさんだ。少し気むずかしい人だと聞いていた。けれども、会うなりそれは誤解だと思った。めがねの奥のまるい小さな目がとても優しい。

「遠いところからよくいらっしゃいました。『漆鶏』を年に2度食べると内臓に漆の成分が沁みて体温が上がり、からだの内側から強くなります。今日、みなさんにたっぷり召し上がっていただけるのがうれしいです」

言葉に確信があふれている。それも経験に基づいた自信。キムさんは漢方医の祖父から口伝で「漆鶏」のつくりかた

漆の木、18種の薬膳素材を煮て成分が沁みでたスープに丸鶏、朝鮮人参、なつめをくわえて煮こむ。柔らかな地鶏の肉にも滋養たっぷり。

米どころ、利川の田園のあちこちに植えられた漆の木。漆は樹齢25年以上のものしか使わないので、つねに植樹と管理に細心の注意を払う。

使うのは、だいじに25年自分で育てた漆の木だけ

を教わったという。

「父の代から、近隣のあちこちに漆を植えて育ててきました。『漆鶏』に使う漆の木は、高さ15メートルくらい、樹齢25年以上のものだけです。たくましく生き延びたものほど薬用効果が高いのです」

漆の木はきれいな水の流れがある土壌を好む。これは5年。あれは12年め、風が通り抜ける広大な畑を歩きながらキムさんが指差して教えてくれるので、うっかり緑の葉に触りかけると、「あっだめですよ！　触るとかぶれる」。あわてて手を引っこめる。

樹齢25年の木の幹は直径30センチほど。これを秋に伐り出し、ひと冬かけてじっくり日陰で乾燥させる。夏場は水分が多くて毒性が強く、秋を迎えると漆が成長を止めて冬支度を始める。それを待って伐採した丸太が店の裏手にごろんと積み重なっており、注文のたび、これを手斧で割る。内側の黄色い部分は熱をたっぷり含むという。丸太ごと保管するのは、使うたびに斧で割って木切れにすると、そのぶん成分がでやすくなるからだ。

厨房で待ち受けて漆の薪を受け取るのは、妻のキル・スンヒさんだ。掃除の行き届いた清潔な厨房で薪を洗い、汲み上げた地下水といっしょに100グラムぶんほど圧力鍋

丸太に伐りだし、日光に当たらないよう乾燥させて保存し、「漆鶏」をつくるたび手斧で細かく割って使う。樹皮の内側の濃い黄色の部分に、熱性の薬効成分がある。

すっきりと清潔な厨房でつくる。ここで薪状の漆を洗い、粉末状にした18種の薬膳素材を布に入れて、圧力鍋に入れていっしょに煮出す。

じっくり引き出す漆の薬効成分。漆のスープは森のエキスだ

に入れて火にかける。10分もすれば漆の成分がたっぷり抽出されて、鍋のなかは黒褐色の汁に変わる。

「ほら見てください」

トングでつまみ上げた漆の薪は、さっきまでの黄色がすっかり失せ、白い木肌に変化している。汁が黒く染まっているのは、成分が汁に抽出された証拠だ。そこに地鶏をまるごと1羽、朝鮮人参、なつめ、布に包んだ熱性の薬膳素材18種類も加えて、再び圧力鍋で煮込むこと40分。

じつは、韓国には野生の樹木を使って薬膳効果をからだに取り入れる知恵がたくさんある。たとえば「漆鶏」のスープは、漆の成分が胃腸を通じて沁みこみ、体温を上げる。漆の特性は、体温を上げると同時に基礎体力を上げ、体力補強の役割を果たすとされる。また、ポンナム（桑）は糖尿やむくみ改善、高血圧の症状に効き、ホッケナム（ケンポナシ）は肝機能の改善に効果を発揮する。そのほかトチュンナム（杜仲）やオガピ（ウコギ）など、用途に応じて木が持つ薬効はさまざまに利用されている。

まだかまだかと時計を見るのがこんなに楽しいとは。「漆鶏」ができ上がるのを待つあいだ、キムさんは淡々と語った。

「漆の優れた養分はからだのなかに吸収され、よけいなも

のは外に排出される。秋に食べておけば、冬の寒さに強くなりますよ」

「祖父から教わった漢方の知識に加えて、自分でも資料や文献を集めて、この30年ずっと漆の生かし方を研究してきました。ひとの手の一切入っていない、混じり気のない自然な素材ばかりです」

「すべての食べものを薬として捉える。それが朝鮮半島の食文化の基本。なかでも最も薬効の高い漆を、食べることでからだに生かす研究に心血を注いでいます」

キムさんみずから「さあできました。召し上がってください」と鍋を運んできてくれた。大きなうつわになみなみ、「漆鶏」の登場だ。鶏肉はほろほろと繊維1本までやわらかく、熱々のスープは濃い金色に染まっている。とるものもとりあえず、まずスープをスッカラでひとさじすくう。

強い苦さがすばやく舌を包みこむ。ところが、それがちっともいやな苦さではない。苦さの奥から爽快な軽みが顔をのぞかせ、そののちすっと消える。そして不思議なことに、味覚のなかにほのかな甘みがあり、余韻を残す。初めての味わいだ。苦くて、ちょっとえぐくて、なのにさわやかで軽い。はっと気づくと、つぎのひとくちをからだが先に求めていた。

やわらかな鶏肉は箸でほぐし、塩をつけて味わう。漆のスープはスッカラですくってそのまま。スープにごはんを入れてクッパプにしても美味だ。

夢中でスープばかり飲んでいたら、キムさんが鶏をほぐしてくれた。その肉には、地鶏のこくとうまみがある。滋味豊かで、からだにじわじわ浸透してゆく野生の味。そして私はふたたびスッカラを握り、一滴残らず金色のスープを平らげてしまった。からだが反応して、漆のスープを求めていたのである。

韓国では最近、「ウェルビーイング」と呼ばれる健康志向ブームを受け、「漆鶏」の専門店が少しずつ増えている。その「漆鶏」は若い女性にもなかなかの人気だが、キムさんが「大丈夫だろうか」と首をかしげるのもよくわかる。なにしろ、この1杯の「漆鶏」に注ぎこまれているのは、手つかずの自然の恵みだけ。それらを育んでいるのは、胸の奥まで透き通るような利川の空気、よどみのない水のせせらぎ。漆の木は一切の農薬を使わず25年以上の歳月をかけてゆっくり成長してきたものだけなのだから。

一滴残らず飲み干したとき、うっすら背中に汗をかいていた。首筋もほかほかあたたかい。つま先は心地のよいぬくもりに包まれている。これがほんものの「漆鶏」だ。からだが敏感に反応していた。だから、汁を啜る手が止まらなかった。それは自分の野性が衰えていない証しに思われ、なおさら「漆鶏」の味わいがうれしかった。

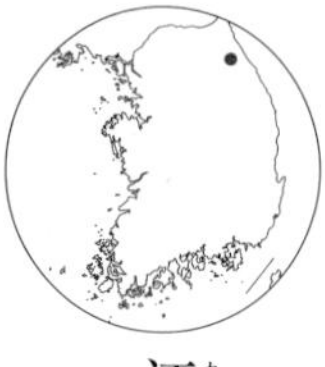

江原道《カンウォンド》・襄陽《ヤンヤン》

餅

떡［トク］

◉松川《ソンチョン》ソムンナン トクチプ 송천 소문난 떡집

国境近く、東海岸。
「餅村」と名づけられた村があった

雨と風に煽られ、ふわりとからだが浮く。斜め45度、太い雨が斜線になって地面を連打する。一歩外に出れば、たちまちずぶ濡れ。国境にほど近い東海岸の町・襄陽の朝は、バケツをひっくり返したような嵐だ。そのさなか、山間のちいさな村、松川《ソンチョン》 餅村《トクマウル》の1軒の家の土間に、ぺったん、ぺったん、餅をつく音が響く。

松川に「餅村」の名がついたのは30年ほど前のことだ。自分の田んぼでとれた米をついて餅をつくり、それを港町まで売りに出て新鮮な魚と交換し家計を助けた味が注目を集め、村は松川餅村と呼ばれるようになった。なかでもタク・ヨンジェさん、キム・スンドクさん夫婦がつくる餅は群を抜くおいしさと評判が高い。なにしろ一年中、韓国全土から注文が引きも切らない。餅名人の味に出合いたい一心で車を走らせ、ひたすら北上してきたのだ。

「こんなひどい雨のなかを、まあ。朝ごはん、まだでしょう。さあどうぞどうぞ」

窓ガラスを激しく叩く雨音を聞きながら、キムさん手製のキムチとテンジャンチゲを遠慮なくご馳走になる。あと

豆の粉をたっぷりまぶしたインジョルミ。黒っぽいほうは高山に生える野草入りで、芳しい風味。

でお餅を食べるのだからがまんしなくちゃと思うのだが、それは無理な注文だった。野菜がおいしい。ごはんがおいしい。味つけがおいしい。村の自然から湧き出たような味。早くも餅の味に期待が高まる。

「じゃあそろそろインジョルミ、つくりましょう」

土間のかたすみで、糯米《もち》を蒸かす白い湯気が上がっている。水に浸しておいた糯米を火にかけ、蒸気が昇ったら塩水を打ちながら強火で蒸すこと半時間。インジョルミは糯米を杵でついてこしらえる素朴なお餅だ。外は雨嵐、いったいどこで杵をつくのだろう。訝しんでいると、タクさんが「よっこらしょ」と隅に立てかけてあった平たい台を引きずり出した。

「アンバンといいます。松でできた餅をつく台です」

日本では臼と杵。韓国のこの村では平台と杵なのだ。水でアンバンを濡らし、蒸したての糯米を鍋ごと反《かえ》してあけたら、大急ぎ。冷めてしまったらお餅が硬くなる。夫婦それぞれ杵を握りしめ、渾身の力を振りしぼって糯米を打つ。

パアン！　パン、パアン！

アンバンもろとも砕けよとばかり、空気を震わせて炸裂する大音響。たちまち激しい雨音も消え、息を飲んで見守るうち、みるみるむっちりやわらかなひとまとまりの餅が

交互に餅をつく大音響が土間に響き渡る。夫婦でつくタイミングは絶妙の呼吸。蒸した糯米をアンバンにのせ、渾身の力をこめてあっというまにつき上げる。つきたての餅は紐状に伸ばし、包丁で切って小判形に整えて豆の粉をまぶす。

あらわれた。タクさんもキムさんも、肩で荒い息をしている。間髪入れずもう一丁、今度は乾燥させたスリチ入りのインジョルミだ。高山だけに生育するスリチの葉は裏側が白いふわふわの綿のようだ。

「この綿の部分が餅に粘りを出し、活性繊維として大腸の働きに効くんです」

いまはトクチ（餅用のスリチ）とも言うけれど、昔はマッチ代わりに使っていたのよ、とキムさん。そしてスリチを糯米の上に乗せ、ふたたびパアン、パアン！　呼吸を合わせて、妻と夫が杵を振り上げる。

でき上がった餅は、ほわあっとやわらかいのにハリと艶がある。たぷたぷの肌に触れると、ほんのりぬくい。それを30年愛用している作業台の上でくるくる転がし、直径5センチほどの長細い1本の棒状に伸ばす。つづけて包丁ですっすっ、端から切って小判形にし、すかさず豆の碾き粉をたっぷりまぶす。

早い。とにかく早い。つき始めたのはついさっきだったのに、電光石火。できたての1個を指でつまんで頬張ると、むちーっ。歯にコシの強さが食いこみ、そののちふわっ、しどけなく広がる。なのに、まるで歯にくっつかない。口

指のかたちが食感を生む 北の村のまぼろしの餅

蒸し餅ソンピョンは、2度碾きしたうるち米の粉に湯を入れ、こねる。小分けしたら甘く煮た黒豆を数粒入れ、指のかたちをつけて握り固め、えごま油を塗って薪の火で蒸す。蒸し上がったソンピョンには仕上げにえごま油を塗り、さらに香ばしさを添える。

中に余韻を残す糯米のうまみ、豆の甘さ。糯米にしみこませた塩味と素朴な甘みが複雑精妙にからみ合い、なるほどこれが松川餅村随一と評判を取る味。

「どんな仕事もやって働いてきました。餅づくりをはじめた当初は、町に出る200ウォンのバス代さえもったいなくて、2時間歩いて売りに行っていたの。家族が食べるために餅をつくっていたら、この味になりました」

幼いころから祭日や法事、誕生日など年中餅づくりを欠かさない家庭に育ったキムさんにとって、餅づくりは人生の一部なのだ。

「ソンピョンをつくりますよ」

キムさんの声に呼びこまれて台所へ戻ると、もう米粉をこねている。ソンピョンはうるち米でつくる蒸し餅で、自分で2度碾きしたきめの細かい米粉を使う。こねる湯の温度も肌の感覚で決める。仕上がりの硬さも、手触りで判断する。秤も計量カップもなにも使わず、すべてをからだが覚えこんでいるのだ。

ソンピョンにはパムソンピョン（栗入り）、クルソンピョン（蜂蜜入り）……いろんな種類があり、かぼちゃを入れて黄色いソンピョンをつくったりもする。今日はコンソンピョン（豆入り）。内側が緑色の黒豆、ソリテを入れるソンピョンの基本形だ。

　きゅっと小さく握って中指の太さをそのまま生かし、両端を角のように尖らせるのは、この村独特のかたち。バットにぎっしり並べたら、ビニールをかけてそのままおおきな蒸し鍋に置き、45分ほど蒸し上げる。昔は竹を編んだふたを使っていたが、厚いビニールなら蒸気が洩れず、しかも外から見える。工夫を重ねて行きついたアイディアだ。見ていると、ビニールの内側に熱い蒸気がぐんぐん溜まってドームのようにぷっくりふくらみ、内側の餅がしっとり艶をまとってゆく様子がつぶさに見える。

　蒸したてのお餅を味わう瞬間は、どうしてこんなに幸福なんだろう。嵐をついて韓国の北のはじっこを訪ねてきて、ほんとうによかった。むにゅうと歯やくちびるに伝わる感触は、まさに生きもの。時間が経てばひと味落ちついて、またべつのおいしさに変わる。そんな繊細さを秘めたソンピョンとインジョルミだからこそ、韓国中から注文が引きも切らないのだろう。

「いつ食べてもおいしいなあって思う。自分でもちっとも飽きないの」

　餅をつき続けて腕も肩もがっしりたくましいのに、キムさんの笑顔は少女のように愛らしかった。

外はどしゃ降りの雨だった。雨音のなかで薪が爆ぜる

北朝鮮との国境にほど近い襄陽には田畑の静かな風景が広がる。
評判の高い手製の餅を家族で味わうときは、右上のようにキムチやトンチミ（大根の水キムチ）といっしょに食べる。

江原道《カンウォンド》・春川《チュンチョン》

◉元祖《ウォンジョ》セムパッマッククス　원조샘밭막국수

そば粉の麺

막국수［マッククス］

麺づくりのすべてのコツは自分の手だけが覚えている

日に1300杯を売り上げるマッククスの超人気店「セムパッマッククス」。72歳の女主人、チェ・ミョンヒさんは毎朝誰より早く厨房に立つ。朝7時。裏口から回りこむと、中庭で大きな釜が白い湯気を立てている。薪をくべる白髪のおばあさんのまるい背中がたくましい。

「店を始めて35年、休んだのは息子ふたりの結婚式と母親の葬式、たった3日だけだよ」

朝いちばんの仕事は豆腐づくり。つぎに野菜の下ごしらえ。からだを動かしてひたすら働くのがチェさんの生きがいだ。「1日に1300杯」はその勲章である。

マッククスは江原道・春川の郷土料理だ。そば粉を打ってゆで、トンチミの汁で食べる素朴なそばは朝鮮半島の麺料理のシンボル。麺好きなら、これを食べなければ始まらない。春川ではどこの家にも自分のマッククスがあり、お客があれば手づくりの味でもてなした。梅雨が終わる8月から霜が降りる10月まで、江原道で収穫できる作物といえばそばの実。きびしい気候風土で暮らす人々にとって、畑の貴重な実りでこしらえるマッククスは知恵と工夫の味で

ゆでた麺を冷水に放ち、手で揉みしだきながら、すばやくぬめりを取ってしまうのがおいしさの条件だ。きゅうっと搾って水気を切る。

ある。

「今では、目をつぶっていても麺のこね具合もゆで時間も、ぴたりとわかる。ところが昔はこねかたもわからないから、麺がぶつぶつに切れて、スッカラですくって食べたほど。家族10人の生活が苦しくて始めたマックスづくりだけど、村のみんなが応援してくれたからがんばれた」

麺の配合はそば粉8割、じゃがいものでんぷん2割。じゃがいものでんぷんを加えることで弾力が出てコシが強くなる。使う水は地下水。その分量もかんじんだが、計量カップは一度も使ったことがない。配合もこねかたも、生地の硬さ柔らかさも、麺づくりのすべてのコツは自分の手が覚えている。じっさいにそば粉をこねるところを見ると、そのちから強いこと。そば粉にじゃばじゃばっと水を入れ、たくましい10本の指、2本の腕、確信を持ってこね上げていく。そば粉がひとかたまりにまとまると、ミョンヒさんの額が汗でうっすら光っている。

「そろそろ変わってあげようか」

横から三男のソンジュンさんが声をかける。37歳のソンジュンさんが、両親が守ってきたこの店の後継者として毎日の経営を取り仕切っている。交代して生地をこねる息子を眺めながら、ミョンヒさんがつぶやく。

「35年ずっと麺をつくってきたでしょう、だから自分の手が記憶している。だからマックスって言うのよ」

マッは手仕事、つまり、手でこしらえる麺。庶民の手から生まれた素朴な味のシンボルだ。とはいえ、誰もがごくあたりまえにつくるからこそ、みなが味に厳しくなるからユクス（肉スープ）やトンチミも勝負どころ。夕刻までお客は引きも切らず、目の回るような忙しさが一段落してもミヨンヒさんは休まない。合間には恒例のユクスの仕込みが待っている。

ユクスはこんなふうにつくる。まず大鍋に牛の骨をどっさり入れ、ひと晩ぐつぐつ煮こむ。すると、翌朝にはうっすら白濁して骨がつるりと抜ける。骨の髄からうまみがたっぷり出た鍋のなかに足すのは昆布、まるごとのたまねぎ、長ねぎ、にんじん。漢方につかうカムチョ（甘草）を入れて風味を出すのも工夫のひとつ。でも、誰にも触らせない。

「ユクスの味は、店の屋台骨だから」

トンチミづくりも年中気が抜けない。だいこん、ねぎ、しょうが、玉ねぎ、にんにく、塩……ゆっくり熟成発酵させた味には、ほのかな酸味のうちがわにたっぷりした厚みがある。そのままひとくち啜って、おどろいた。年季の入った、じつにこなれた味。誰にでもつくれる味ではない。

おいしい店はかならず 店の主が先頭を切って働いている

チェ・ミョンヒさんの朝いちばんの仕事は、薪をくべて大釜に湯を沸かすこと。ユクスを仕込むときは、野菜も惜しげなくたっぷり使う。

麺。ユクス。トンチミ。自慢の役者をずらり揃えて、いよいよ仕上げは釜の前だ。

おなじそば粉でつくっても、日本のそばとはゆでかたがまったく違う。マックスの場合は、ゆでるときに機械を使うが、じつはこの構造に味と食感の秘密がある。こねて長細い円柱形に整えた生地を、釜のすぐ上に据えた圧縮機に入れてハンドルを押しながら、ぐーっと抑える。すると、生地が圧縮されて無数のちいさな穴を通り、いっせいに細いひも状になった麺がするすると降りてくる。それを待ちかまえているのは、すぐ下の釜のなかで煮えたぎっている熱湯。一瞬のうちに圧力をかけ、細い麺になったところをすぐさま熱湯でゆでる。これが弾力を生み出すのだ。

第2幕の鍵は、手が凍るような冷水。麺をしめる方法も、日本のそばとはまったく異なる。ゆでた麺を両手でごしごし、まるで布巾でも洗うようにしごきながらぬめりをぬぐい取るのだ。仕上げにぎゅうっとちからをこめて水気を搾ってから、大急ぎでうつわに盛りこむ。

ゆで卵。海苔。キムチをのせたら、ごま油を回しかけて一丁上がり。トンチミとユクスは、自分で好きなだけかける。ただし、ほんの少しだけ。麺のおいしさを堪能するのがマックスの醍醐味だ。

注文が入るたび
ひと玉ずつ麺を搾りだす

ひと晩かけてじっくり煮こんだ牛の骨の山。骨の髄から沁みでるうまみ、野菜の滋味のコンビが店の味を決める。

そば粉とじゃがいもの粉に地下水をくわえ、日に何度も生地づくり。注文のたび小分けして機械に入れ、圧力をかけて熱湯の中に押しだす。

さあ食べましょう。でも、もうひと呼吸だけ、待って。チョッカラを右手と左手に1本ずつ握って、よーく混ぜるのがおいしい食べかた。たっぷりの海苔とごまがこれでもかと風味を高めて、鼻をくすぐる。お店は一日中お客さんが引きも切らない。

マックㇰスを食べるときは、「作法」がある。あせってすぐさま箸をつけてはいけない。辛い薬味の醤タデギをのせたあと、箸をやおら右手と左手に1本ずつ握りしめ、麺のなかに差し入れる。そうして、おおきく上下にほぐしながら混ぜる。つまり、複雑精妙な味の要素を麺一本一本にからみつかせ、自分でひとつの味にまとめ上げるのだ。

きゅっ、きゅっと弾む感触を舌に伝えながら、細い麺が生きもののように弾む。ユㇰスのうまみ、トンチミの酸味、タデギのこくのある辛さ。そばの香りがふわりと漂って、するっとおさまる。長年の常連客が、この店の味をこんなふうに語ってくれた。

「信じられる味。安心する味」

年がら年中かならず厨房にいて、ミョンヒさんはいつも後ろすがたを見せながら働いている。夫のチョ・カンヨンさんが亡くなったのは15年前のことだ。「自分が死んだら、誰がおまえの苦労をわかってくれるのだ」。おまえが心配でたまらないと嘆いた翌日、急逝したという。

「でも、みんなに助けてもらって、自分の味を守れて満足だよ」

食べる旅は、ひとに出会う旅でもある。

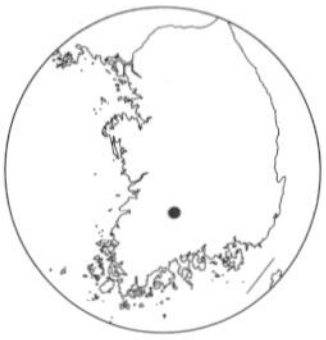

全羅北道《チョルラブクド》・淳昌《スンチャン》

◉イ・キナム ハルモニ コチュジャン 이기남 할머니 고추장

柚子のお菓子

유자편강［ユジャピョンガン］

冬の到来。キナムおばあさん手製のお菓子を韓国中が待っている

淳昌を訪れるのは2度めだ。1度めは5年前の2月、コチュジャンを味わいにやってきた。淳昌は空気と水のおいしいことで知られる長寿の村で、コチュジャンづくりでも定評がある。

そもそも評判が全国に轟いた理由のひとつは、かつて淳昌周辺に多く住んだソンビ（朱子学者）たちを訪ねた旅人が、地元に戻って「あそこの味は格別だ」と喧伝したからだと言われる。その村にとびきりおいしい柚子のお菓子があると聞いた。つくり手はソンビの末裔である。

赤いカーディガンをはおって、童話に出てくるかわいいおばあちゃんのようなイ・キナムさん、86歳。部屋に入ると芳しい柚子の香りを振りまきながら、ひたすら柚子を刻んでいる。

自身で考案したお菓子、柚子片姜《ユジャピョンガン》をつくるのは陰暦10月から11月にかけて年に1度だけ。柚子の名産地、全羅南道からもぎたてをどっさり取り寄せてこしらえると、「旧正月に食べたい」と韓国中から注文が舞いこむ。

そもそも片姜は生姜にたっぷり砂糖をまぶして乾かした

湯気の立つ熱い柚子をバットに移し、間髪入れず砂糖をたっぷりまぶしつける。馥郁たる柚子の香味が口のなかいっぱいにほとばしる。

86歳、激動の人生を生きてきた。
その手で年に1度、
柚子のお菓子をつくる

まず無農薬の柚子を半割りにし、薄皮ごと実をくり抜く。種を除いてから実を砂糖漬けにして保存すると、とろりと甘いジャム状になる。湯を差せば、韓国の伝統茶、柚子茶に。

お菓子だが、30年ほど前のあるとき、柚子がたくさん余ったので砂糖といっしょに煮てみようと思い立ったのだという。身をくり抜いて細長く刻んだ柚子の皮に砂糖をくわえてとろりと煮詰め、さらに砂糖をまぶしてつくるシンプルなものだけれど、なかなかどうして年季がいる。

「しっかり火を通さないと日持ちしないし、煮すぎるとやわらかな口当たりにならないんです」

47歳になる長女のスンオクさんが、黙々と手を動かすキナムおばあさんの代わりに教えてくれる。

柚子がとろっとして透き通ってくると、急いで火からおろす。火傷しそうなくらい熱いときにバットに広げ、手際よく指で砂糖をたっぷりまぶしつける。まだ熱いできたてを頬張ると、やわらかいのに柚子の香りが口中にじゅっと飛びはねた。

キナムおばあさんの物語は、そのまま韓国の文化史でもある。淳昌のソンビのもとに嫁いだのは18のときだ。ソンビは李朝時代、きわめて学識の高い文人や学者を指した。官位は持たない在野の文人としてひとびとの尊敬を広く集め、土地を治める役割も果たす存在だった。ひとり息子のもとに嫁入りしてソンビの妻になったとき、まず最初に姑から手渡されたのは倉庫の鍵。潤沢な家財や食材のすべて

左頁：とろりと煮詰まってきた柚子の皮。右：冷めてしまうと砂糖がつきにくくなるから、熱さもいとわず指で砂糖をまぶす。韓国のおいしいものは、つねに自分の手を惜しまず使うことで生まれると実感する。

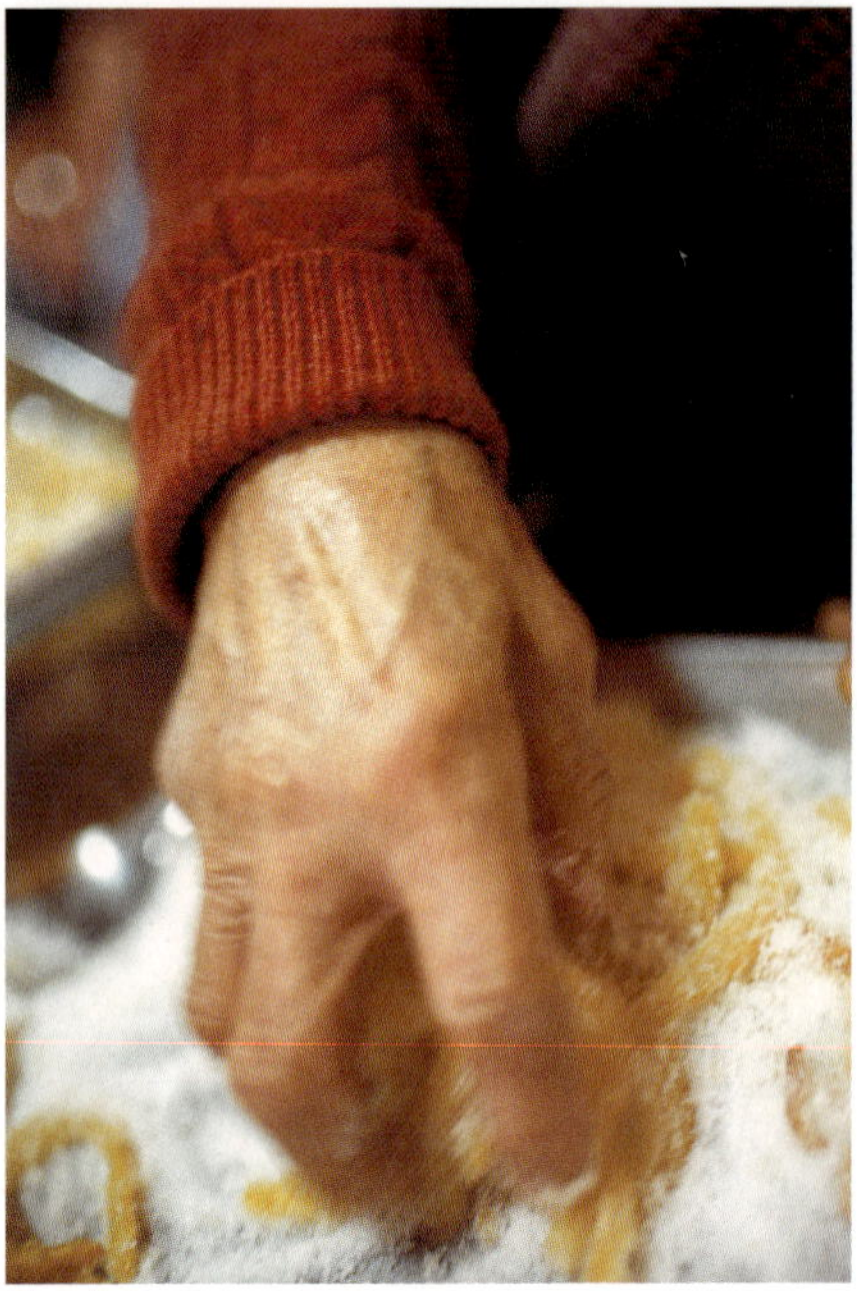

を守り、まかなう仕事を委ねたという印である。そのうえ、一家が所有する広大な土地にはたくさんの小作人が住んでおり、先頭に立って采配を振るう責任も両肩にのしかかった。

客人の多いソンビの家では、料理は大事なたしなみのひとつ。そもそも実家は貴族出身のヤンバン（両班）の家系で厳しくしつけられていたから、料理の素養はあった。とはいえ、ソンビの義父の厳格さ、誇り高さはたいへんなもので、料理が気に入らなければ膳ごと外へ放り投げたというのだから、苦労がしのばれる。

そして１９４５年、解放直後のことだ。土地制度改革が行われ、一家はそれまで所有していた土地をすべて失ってしまう。つまり、たった1日を境にして没落の運命を辿った。ひとに仕えたことも働いたこともないけれど、その日から生きるすべを考えるほかなかった。

そこで底力を発揮したのが、キナムおばあさんである。ソンビの嫁として、ヤンバンの娘として、料理の腕はさんざん鍛えてきた。コチュジャン、テンジャン（味噌）、カンジャン（醤油）はもちろん、四季それぞれに漬ける多彩なチャンアチ（漬物）もお手のもの。運命のいたずらを嘆いているひまなどなかった。自分の料理で一家を支えなけれ

柚子の香りは、冬のはじまりの合図。
たっぷり果汁をふくんで、味覚を潤す

ば——生きるためにお菓子やコチュジャンやチャンアチをつくり続けていたら、評判があとからついてきたのである。

手のこんだ自慢の薬菓は、ついもうひとつ、とあとを引く揚げ菓子だ。卵や蜂蜜、砂糖、生姜の搾り汁、ごま油を練りこんだ生地を薄く伸ばし、細長く切って縁に飾り包丁を入れ、渦巻きのようにくるくる巻いてじっくり揚げる。仕上げにたっぷり蜂蜜を塗り、まんなかに松の実をひとつ。いかにも手のかかった上品な仕上がりだ。

薬菓は旧正月や法事のときなどに食べる昔ながらのお菓子だが、今では手づくりするひとはほとんどいない。店で買えば手に入るけれど、手で生地をこねてこしらえたていねいな味にはやっぱり敵わない。そのおいしさの違いを知っているひとたちが、キナムおばあさんの味を求めて遠くから注文を入れるのだ。

柚子の季節になると、日本にいてもキナムおばあさんの柚子のお菓子が食べたくなる。

膳の中央は卵や蜂蜜、生姜などを生地に混ぜて揚げた薬菓。来客には手製の菓子を並べるのがしきたりだった。山いちごと糯米でつくる果実酒ポップンジャも添える。
築100年を超す家の縁側にすわるキナムおばあさん。前庭にはコチュジャンや漬物の入った瓶が並び、軒先には味噌玉メジュが下がる。

全羅南道《チョルラナムド》・光陽《クアンヤン》

梅

매실 ［メシル］

◉青梅実農園《チョンメシルノンウォン》 청매실농원

上品な酸味が、五臓六腑に沁みわたる。韓国随一、梅の里の贈りもの

春近い3月、6万坪におよぶ土地いっぱいに白やピンクの野生の梅の花が咲き誇る。甘い香りにすっぽり包まれる桃源郷をひと目見たいと、全羅南道・光陽「青梅実農園」は70万人近くを集めてたいへんなにぎわいだ。

農園の主はホン・サンリさん。1日3回、広大な敷地を歩き巡って、こっちで花がほころんだ、あっちの樹が実をつけた、ぜんぶを把握する。

じつは、そもそも梅の樹を植えたのは、かつて日本の炭坑で働いていた義父である。当時の韓国では梅を食べる習慣はなかったが、日本に住んで梅に魅せられた義父は、梅干しをつくったり民間療法にも役立てると聞いて熱心に梅を植え、それがしだいに梅の里に育っていった。

ホンさんは30代のとき交通事故で胸の大病を患うのだが、心身の不調を救ったのが梅だった。

「義父に薦められて梅の果汁濃縮液と梅のチャンアチ（漬物）を毎日食べるようになったのですが、この習慣を2年半続けるうち、しだいに回復していきました」

遠くの病院より近くの食べものがだいじ。これがホンさ

青梅を収穫すると、まず大きさを選別してから水で洗浄する。梅の甘露煮、梅コチュジャン、青梅の塩漬け、梅エキスなど多彩な味わいを、時間をかけてつくりだす。

んの信念になり、こんどは自分が梅にのめりこんでいった。

　栽培には薬品は一切使わず、できるかぎり野生のまま。試行錯誤を重ねて、虫よけ対策には唐辛子、タバコ、オソンチョ（どくだみ）、梅玄米酢などを配合したものを粉末にして噴霧している。農園のほうぼうにはクジョルチョ（イワギク）も自生するようになった。すべての製品に、防腐剤や香料を使わないというのも、ホンさんの決めごとだ。

　自慢の梅はさまざまに生かす。梅肉入りテンジャン。コチュジャン。青梅のまるごとの甘露煮。梅肉の塩漬け。梅肉ジャム。梅ジュースの濃縮液……梅のおいしさを知らなかった韓国のひとびとをたちまち魅了する出来映えだ。

　じっさいに飲んで、おどろく。どれを味わっても、夾雑物のない透明なおいしさなのだ。梅の濃縮液に冷たい地下水を注いだジュースを飲んでみると、さらに驚嘆する。喉もとに広がる清新な清涼感はとくべつなもので、わたしは遠方から訪れたひとびとに混じって何杯もたてつづけにお代わりをした。五臓六腑に沁みわたる上品な酸味はいつまでも余韻が残り、光陽への旅を誘う。

広大な敷地を日に何度も巡り、質を確かめる。ハンアリの中では去年の梅がゆっくり熟成発酵を重ねている。上左は梅のコチュジャン、甘露煮、青梅砂糖漬け。青梅は漬物にしておにぎりやキㇺパㇷ゚に混ぜる。

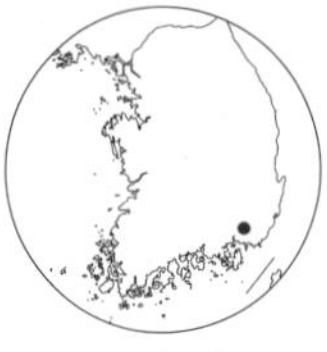

釜山《プサン》

いわし料理

멸치요리 ［ミョルチヨリ］

●南港《ナムハン》フェッチプ　남항횟집

ヌタウナギ

곰장어 ［コムジャンオ］

●キジャンコムジャンオ　기장곰장어

食べはじめたら止まらない。名物いわしを食べにゆく

船が岸壁に近づいてくる。すると、待ちかねたおこぼれをもらおうとカモメがいっせいに騒ぐ。雨雲がようやく動いて光が差しこみ始めたら、港に揚がるいわしの銀鱗が網のなかできらきらと燦めきはじめた。

釜山のちいさな漁港、大辺港《テビョンハン》。いわしの水揚げ高は全国の6割を占め、毎年4月から7月にかけていわし漁に出てゆく船の群れで大にぎわい、港は毎日いわしの祭りのような活気を帯びる。漁船がずらりと停泊する湾沿いに、政治家もわざわざお忍びで食べに来るといういわし料理専門店「南港フェッチプ」はある。

主人のイ・カンウさんは、かつては船を2隻持ってみずからいわし漁に出ていた海の男。がっちりたくましい体軀だが、笑うと目の奥がとてもやさしい。このあたりで初めていわし料理の店をオープンしたのは1972年、それまで家庭の地味なおかずでしか使わなかったいわしをひと工夫重ねた丁寧なおいしさに仕上げ、「南港フェッチプ」はぐんぐん名を上げた。

店で1日に扱ういわしは30キロ以上というから、人気ぶ

チゲにたっぷり、鮮度抜群のいわし。煮こむにつれ、いわしのいいだしが出て陶然となる。ああ釜山に旅をしてよかったと思わせてくれる。

いわし漁で活気づく大辺港。

りがよくわかる。混雑する週末になれば、もちろんもっと多い。お客はみな、海の男の厳しいめがねにかなった獲れたてのいわしを目当てにやってくる。なかでも、いちばんの名物はいわしのチゲだ。獲れたてを1尾ずつ手開き。親指をするりと入れて、中骨と内臓を手早くはずして開き、地下水でさっと洗う。身が柔らかないわしは素早く下ごしらえをしなければ鮮度に響くから、手慣れた扱いもおいしさのうちなのだ。

チゲに、新鮮ないわしがどっさり。テンジャン、唐辛子、にんにく、シレギをくわえて火にかけ、春菊、玉ねぎ、長ねぎ、えのきも入れてくつくつ煮こむ。テンジャンも手づくり、妻の故郷慶州《キョンジュ》の味。唐辛子は質のよい義城《ウィソン》産。野菜は無農薬のもの。とびきり新鮮ないわしにふさわしい素材を、いちいち入念に選んでいる。

白い湯気を合図に、いい香りが立った。煮えばなの熱い汁を啜ると、いわしの濃いうまみがたっぷり溶けこんで感嘆する。食べながら、はっとした。こんなにたっぷりいわしを使っているのに、ちっともいわし臭くない。イさんがにっこりして、言った。

「もっとおいしいいわしの食べかたがありますよ」

センミョルチフェ。いわしの刺身である。

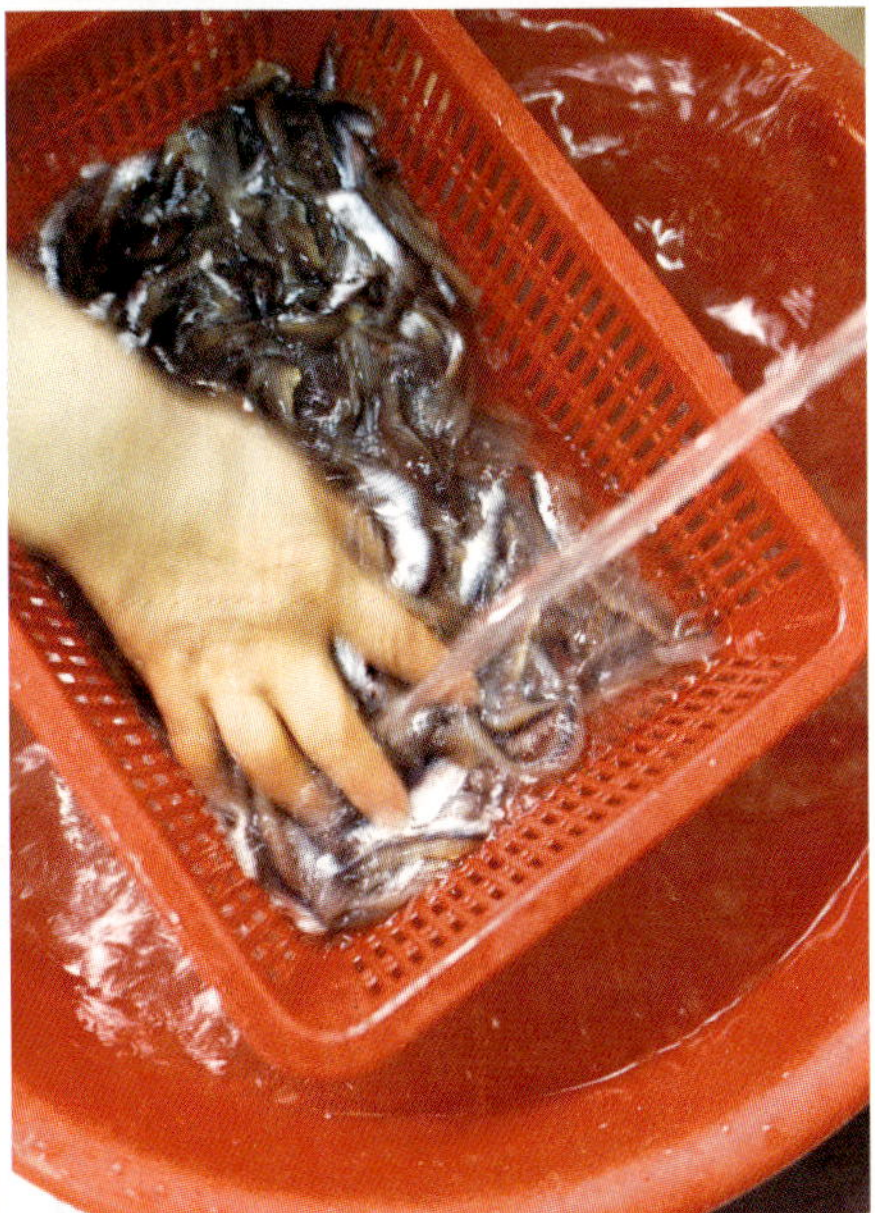

港のすぐ前でいわし料理専門店を営むイさん一家は、元いわし漁師。質のいい新鮮ないわしの目利きでもある。すぐに頭とはらわたを取って、手開きにして下ごしらえ。

新鮮ないわしは色艶からしてちがう。肉厚のわかめにいわし、辛子味噌をのせてくるっと巻く食べかたは、大辺港ならではのおいしさ。軽妙な味わいで、つい食べ過ぎてしまう。

ただの刺身ではない。いわしは手開きしたて。にんにくや青唐辛子をのせ、地元で獲れたわかめをくるっと巻きつけ、コチュジャンを少しつけて頬張る。身の締まったいわし、ぱりっと張りのあるわかめ、ぜんぶが混じり合い、潮の香りが口中に充満する。

「わざわざこれを目当てに食べに来る政治家は、おともの人たちには高級な白身魚を食べさせて、自分は安いいわしをうれしそうに食べてます」

さて、「いわし天国」にうっとりしていたら、釜山・機《キ》張《ジャン》郡で奇天烈な味に遭遇した。コムジャンオ。和名はヌタウナギ。深海魚の一種で、1尾まるごと火をつけたわらのなかに放りこんで蒸し焼きにする。哀れすっかり黒こげになったら、端から皮をつるんとむき、塩入りのごま油をつけて食べるのである。

焼きたてが最高だから、と「キジャンコムジャンオ」に案内された。庭に出ると、火をつけたワラの山がぱちぱち燃えている。そこへ、ぬらりくらりとくねるコムジャンオをぽんと放り入れる。4代め店主、キム・ヨンクンさんが軍手をはめた手を伸ばし、わらのなかから長く伸びた1尾を取りだして食べかたを見せてくれた。はじっこの黒こげの皮をつまんでぴーっと剝ぎ、白い身を丸めてごま油をつ

海辺の町の大自慢
いわしのチゲは
韓国中でも垂涎の的

チゲの汁をごはんにかけて食べると、もう止まらない。手製のコチュジャンがいわしと絶妙の相性をみせて魅了される。

釜山は人情の町。
海辺の珍味に、つい誘われる

ヌタウナギは深海魚で骨がなく、長さは60cm前後。わらに火をつけ、放りこんで焼く。焼けたら皮をむき、塩入りごま油で食べる。

け、口のなかに放りこむ。

「うーん、うまい。毎日食べても飽きません。最近は、わらを手に入れるのが大変になってきたのですが、わらでなければ、この香ばしい燻味が出ないんですよ」

キムさんにうながされて、おそるおそるちょびっと齧る。こりっ。ぷりぷりっ。噛むなり、ヌタウナギ独特の強い弾力が歯のうえで躍る。想像したよりずいぶん淡白だが、噛めば噛むほどじわーっとうまみが湧く。ちょっとイカにも似ている。モツっぽい感じもする。経験したことのない不思議な食感と味なのだ。

「このあたりじゃあ、男も女もわら焼きが大好きです。ひとが集まったときによく食べます。腹持ちがいいし、酒も進むし」

コムジャンオは、その昔は貧しい人々の味だったという。高たんぱく質で、うまみもたっぷり、おなかにたまる。肉のかわりにも食べられていた。けれども、自然環境の変化が災いしたか近年では獲れ高も減ってきて、鮮度のいいコムジャンオは貴重な味になってきた。

いわしもまた、おなじ。庶民の味は、だんだん手の届かないところへ遠ざかってしまうのだろうか。

韓国の海の幸の宝庫、釜山のチャガルチ市場。ところ狭しと獲れたての魚介が並び、胃袋を満たす。

慶尚北道《キョンサンブクド》・安東《アンドン》

にせものの法事料理

◉カチクモンチプ　까치구멍집

헛제사밥
［ホッチェサパプ］

一品一品にこめられた
先祖をたいせつに思う旧家の気持ち

世にも珍しいにせものの法事料理がある。しかも、礼節を重んじる誇り高い儒都、安東に――これは行ってみて味わうほかないだろうと、一路慶尚北道を目指した。

慶尚北道北部、洛東江の上流のほとり。高麗時代からすでに安東の名で呼ばれ、地方政治の拠点のひとつとして栄えてきた土地である。1561年、儒学者・李退渓《イテゲ》が韓国一の書堂「陶山書堂」を開いたことから、このちいさな村は儒教の学びの地となり、両班《ヤンバン》と呼ばれる上流階級によって両班文化が築かれてゆく。つまり安東は貴族的な文化と庶民の文化が共存してきた土地なのだ。

「カチクモンチプ」は、地元で一目置かれる伝統料理の店である。出迎えてくれた2代め店主、ソ・チョンエさんは義母が亡くなった2年前、当家の嫁として店を引き継いだ。そもそも義母は安東の旧家に生まれ育ち、地元の伝統料理の名手として知られたひとである。いまでは店の名物として名高いにせ《ホッ》もの法事料理もそのひとつだ。

ホッの意味はからっぽ、転じてにせもの。チェサは祭祀。パプはごはん。そもそも韓国には、チェサののち料理を一

右はサメのサンジョク。熟成発酵させたサメの切り身にごま油や醤油で下味をつけ、串刺しにして焼く。左は牛肉とねぎのサンジョク。牛ロースとねぎを交互に串に刺して焼き、皿に盛るとき串を抜く。

串に刺して焼き、
あとで抜く。
伝統料理に知恵をみる

サンジョクの牛肉は、こってりと甘辛い味。韓国の祭祀には欠かせない一品でもある。うつわに盛りつけてから、こんなふうに串を抜き取ってかたちよく調えます、と店主のソ・チョンエさん。

族で分け合って食べる「飲福《ウムボク》」という習慣がある。
「本当はふつうの日なのに、両班たちは祭祀と称して儀礼用のおいしいものをつくらせ、周囲にふるまいました。これはそのときの料理なのです」

チョンエさんがそう説明してくださった。

テーブルに、店主みずからこしらえた料理がつぎつぎに運ばれてくる。焼いたチョギ（イシモチ）。季節のナムルは、大豆もやしとコサリ。お餅。豆腐や朝鮮かぼちゃ、干し鱈などを卵にくぐらせてこんがり焼いたジョン。真鍮の高台つきのうつわに盛りこまれているのは、焼いた塩さば、さめ、昆布、揚げた鱈、ゆで卵。内陸部の安東ではかつて新鮮な魚が手に入りにくく、さめをよく食べていた。どれどれと箸を伸ばすと、干して微発酵させる過程で生まれたほどよい熟成感がある。くせがなく、むちっとした歯ごたえ。すこし白身の肉に通じる味わいである。さばは脂が乗ったものに塩をして寝かせ、こくがそなわっている。なるほど、安東の両班たちはこういう味の深さを好んできたのだ。簡素ななかに雅趣をもとめることを誇りにした両班の味覚があらわれている。

膳の中心に置かれたのはチェサに欠かせない一品、サンジョク。串焼きである。よく見ると、ぴちっと形よくつな

がった牛肉とねぎ、隣のさめのまんなかに丸い穴が開いている。串を刺して焼いたあとだ。じつは、これは見ばえを整えて供するための工夫で、あらかじめ串を刺して焼くことで中心がずれず、さらには左右の幅も長さもきちんと統一できる。串ごとうつわに盛りつけたあと、横からすーっと抜いてはずせば、串はあとかたもなし。見栄えのよさを重んじるチェサの料理のための知恵である。
味つけもしっかりしている。細長く棒状に切り分けた赤身の牛肉を、醬油、ごま油、砂糖を混ぜたなかに入れて軽くもみこみながら、味を十分しみこませる。焼くときはつけ汁を煮詰めながら火を通し、しっかりとした濃い味に仕上げる。チェサの料理には、にんにくや唐辛子を使わないぶん、ごま油や醬油は惜しげなくたっぷり使う。
「にせものとはいえ、法事はそもそも先祖を敬うためなのだから、食べておいしい質のいい素材を使わなければ」
碗のスープにはだいこん、豆腐、わかめ。味つけは塩だ

にせものの法事料理に数品の料理を追加したヤンバンサン。左端は豆入りの餅。赤い汁は安東シッケ。唐辛子を入れているため、独特の甘辛い味わいに特徴がある。華やかさはないけれど、ひとつずつ手をかけた実のある味わい。

祭祀の盛りつけ方「高排」には脚つきのうつわが決まりごと

にせものとはいえ、チェサの膳には欠かせない、真鍮の高坏をちゃんと使う。さめ肉の煮つけ、厚揚げ、ゆで卵などをかたちよく盛りつける。

安東にはほかの土地にはない静穏な空気が漂っており、魅了される。そのとくべつな安らぎには、すみずみにまで儒教の精神が細かい粒子のように溶けこんでいる。「カチクモンチㇷ゚」の店内にも静かな雰囲気が満ちている。

け。だしも使わない。なのに、たしかな満足感があるのが不思議だった。

　こんな話を耳にした。ホッチェサパプ、にせものの法事料理が生まれたのは、両班の思いやりからだ、と。書院にこもって勉学に励んでいる教え子たちに、ときには海の幸山の幸を食べさせて勤勉な努力に報いてやりたい。そうかんがえた両班は、おいしいものを食べさせる言いわけとしてにせものの法事をわざわざ催した。さらには、それがにせものの法事だと知っていながら、庶民たちは暗黙の了解のうちに料理づくりを手伝ったという。つまり、このユニークな料理もまた、安東の儒教文化を支えてきたということになる。

　安東の河回村《ハフェマウル》には、高麗時代から伝わる国宝、河回仮面がある。そのむかし、木彫の仮面をかぶった庶民たちは劇に託して両班たちを風刺し、日頃のうっぷんを晴らした。両班を遠回しに批判しながら、しかし人間的な笑いやデフォルメをほどこして仕立てた仮面劇を、両班も庶民もいっしょになって笑って楽しんだのである。現代に伝わるにせものという名前のチェサ料理には、身分のちがいを受け容れながら共存したひとびとの泣き笑いも投影されていたのだった。

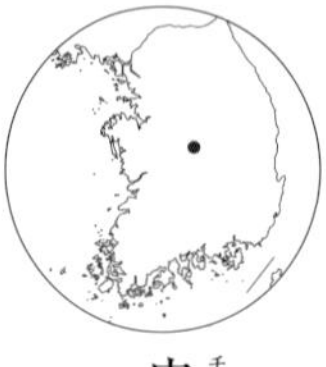

忠清北道《チュンチョンブクド》・槐山《クェサン》

●土《ト》俗亭《ソッチョン》 토속정

巻き貝のスープ

올갱이국［オルゲンイクク］

●クェガン オシプニョン ハルモニチプ 괴강 50년 할머니집

ソガリ

쏘가리［ソガリ］

滋養たっぷり。
清流だけに棲む巻き貝オルゲンイ

疲れているとき、ほんの少しでも貝のスープを飲むと元気が出る。しじみ、あさり、ムール貝……たっぷりとした滋養とうまみには、からだのエネルギーを奮い立たせる力がある。しかも、慶尚道や忠清道の一部には、ほかでは獲れない肝臓や目に効く貝があるといわれる。

それがオルゲンイだ。わずか2センチほど、タスルギとも呼ばれるカワニナ科のごくちいさな巻き貝で、水のきれいな渓谷でしか育たない。ことに二日酔いの朝には、オルゲンイをたっぷり入れてつくるヘジャン（解腸）ククを必ず飲む。いつだったか旅の途中で慶尚道を通ったとき、定食屋に入ってきた男性たちがオルゲンイのヘジャンククを一滴残さず平らげていった。

週末になると、ソウルあたりからもわざわざオルゲンイ目当てにやってくるひとが引きも切らず。なかでも忠清北道・青川の「土俗亭」は、オルゲンイ専門店として名高い店の一軒だ。店主はキム・クムスクさん57歳。

「オルゲンイは繁殖力の強い貝で、月の満ち欠けによって毎月15日ごろに太るのです。夏場は水温が高くなるので少

ていねいに洗ったオルゲンイをたっぷりの水に入れ、沸騰させる。ぶくぶく白い泡がたつと、鍋のなかはだんだん透明感のある青緑色に染まってゆく。

オルゲンイは清流の石の下にいる。専用のかごを手に、しずかに目当ての貝を探す。獲れたてを店に売りにゆくひとも多い。

し味が落ちますが、9月ごろになるとぐんとおいしくなります」

14年前に店を出すまで、自分で川に入ってオルゲンイを採っては食べていたという。じっさい、とりわけ自然環境のいい青川のあたりの川ではオルゲンイ採りの姿をあちこちで見かける。石の下に棲むオルゲンイを手探りで採るのだが、この10年ほど消費量がぐんと増えて収獲量が減り気味だ。だから手採りが規則で、網で捕獲すると罰金500万ウォンというから手きびしい。

集めたオルゲンイはたっぷりの水に浸して手で磨くようにしながら入念に洗ったあと、沸騰した湯のなかでゆでる。しだいに汁が白濁してくるのだが、ここであわててはいけない。

「ほら、白濁していたのが緑に変わり始めたでしょう。これが汁にエキスが出た証拠です。ここで火を止める」

おたまですくい上げた汁は、美しい緑いろ。どこまでも透明で、きらきら光っている。

粗熱がとれたら、さっそく身を取り出す。針を差し入れて身をきゅっと引っかけ、つるり。わずか数秒、みるみる緑色のぷっくりとした身が取り出されてゆく。「土俗亭」のヘジャンククには、じつはちょっと贅沢な工夫がしてあ

野菜を洗うとき、貝を洗うとき、ふんだんに使う地下水もまた、おいしさの鍵。貝のエキスをたっぷり含んだ汁には透明感がありうつくしい。小さな身には滋養が充ちている。

オルゲンイをたっぷり入れて焼いたジョン、プチムゲ。むちっとした歯ごたえ。

新鮮な野菜とオルゲンイ。渓谷に囲まれた土地の恵み

る。ゆでたむき身に小麦粉と大豆の粉を合わせ、溶き卵もいっしょにからめるのだ。これは地元に伝わる伝統の手法でもある。慶尚道では米粉を使う地方もある。さらに「土俗亭」が欠かさないのは、山の湧き水を惜しげなく使って洗うにら、ねぎ、ぬるみのあるアウク（チョウセンフユアオイ）の茎と葉。これらにはオルゲンイとおなじ、からだをあたためる効能があるとされる。さらに味の秘密は、自家製のテンジャン、タデギ（薬味の醬）、昆布やだいこんの煮汁でとっただし。そこに新鮮なオルゲンイの緑のゆで汁が加わり、まさに最強のタッグだ。

できたてのヘジャンククをさっそくスッカラですくってみる。貝の身ひとつぶひとつぶが、やわらかな卵色に包まれ、ふっくらやわらかい。噛むと、じつに優しい口当たり。貝独特の濃い味やほの苦さを衣が上手に中和して、くせもない。同席している食の評論家、キム・スンギョンさんが言った。

「貝は残してもいいから、汁は全部飲みなさい。貝は成分を食べるものですから、スープが一番効くんです。肝臓が弱っているときは、鍼や薬で治すよりすぐに効果がありますよ」

今日が二日酔いでないのが残念なくらいだ。オルゲンイ

小麦粉と豆の粉を合わせて卵を混ぜ、オルゲンイの身にまんべんなくまぶしつけてからスープにくわえる。ふわっとした食べ心地に工夫がある。新鮮なにらもたっぷり。

幻の魚ソガリ。清流で鍛えられた躍動感はすごい。刺身はたっぷりと脂が乗っていた。だいこんやシレギ（葉）、じゃがいも、スジェビ（すいとん）入りの煮つけも土地の味。

青川の商店街で、町をあげて祭りがひらかれていた。マックゥスの食べ放題。おとなもこどもも、商店街の特設テーブルで夢中になって食べる、食べる。

食べることに貪欲だから おのずと生活に張りがでる

のうまみと滋養が、からだのすみずみまで沁み渡るのがわかる。とびきり水のきれいな土地にしか生息しないといわれる貝を、青川ではこんなふうにして健康に役立ててきたのだ。

さらにこの土地には、ほかで出合うことのできない幻の魚が棲んでいる。それがソガリ（スズキ科の淡水魚）だ。クェサン村「クェガンハルモニチプ」2代めのキム・キヨンさんは、村でただひとり、ソガリを自分で捕獲する許可を持つ。

水の澄み切った川だけで姿を見せるソガリは、大きいものは1キロ以上、値段は9～10万ウォンにものぼるというから、まさに高級魚だ。身はスイカの香り。煮ると皮と骨から味が出て、こくがたっぷり。そのソガリをキムさんが鮮やかな手さばきでフェ（刺身）に仕立ててくれた。味わいは、うわさにたがわず唯一無比。たっぷり脂が乗って、むちっと存在感を返してくる精悍な歯ごたえだ。

どこまでも続く濃い緑の景色を仰ぎながら、思った。オルゲンイもソガリも、四方ぜんたいを渓谷に囲まれた自然の産物。滔々と川が流れ、透明な風が吹き渡る。土地の精霊に見守られながら、青川のひとびとはこんなふうに自然の贈りものを受け取ってきたのだ。

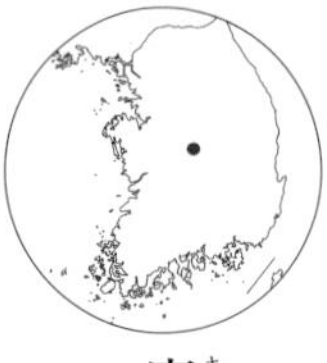

慶尚北道《キョンサンプクド》・聞慶《ムンギョン》

◉噂の食堂《ソムンナンシッタン》　소문난식당

緑豆のムㇰ
청포묵［チョンポムㇰ］

どんぐりのムㇰ
도토리묵［トトリムㇰ］

山の湧き水が決め手。噂が噂を呼んで、銘品が生まれた

いつのまにかお客が集まり始めて20年、その名も「噂の食堂」。できますものは、ふたつだけ。緑豆のムㇰ「チョンポムㇰ」、どんぐりのムㇰ「トトリムㇰ」。どちらか選んでごはんにのせ、さっくり混ぜるムㇰチョパプに仕立てて食べる。珍しい味を求めて、週末には聞慶の山中をめざして日に200人ものお客が押し寄せるというから、やっぱり「噂の食堂」なのだ。

主《あるじ》は気さくなチャン・チャンボクさん、笑顔の優しいエプロン姿の妻、パク・ナムボクさん、ふたりとも70代。現在は聞慶市指定の郷土料理店になっているけれど、最初はまったくの無名だった。自分のムㇰの味の真価を知りたくて一計を案じ、小学校時代の同級生たちを招いて食べてもらうと、たちまち賞賛の嵐。それは、みんながこどものころ食べていた味。記憶のなかに眠っていた忘れられない味だった。

ムㇰは韓国の食文化を代表する料理のひとつだが、つくるにはたいそう手間ひまがかかる。ことにどんぐりは苦みやえぐみが強烈だから、おいそれと誰もが相手にできない。

上が緑豆のムㇰ、下がどんぐりのムㇰ。この鄙にも稀な美しさに目を奪われる。どちらもきりりと切り口が立って、口に入れたときの食感のよさも申し分ない。

澄んだ山の冷気のなか ムクづくりは粛々と進む

緑豆は、ムクをつくるたび粉に碾いて使う。ひと皿に使うものは、なにからなにまで自分たちの手で育てる。無から有を巧みに生み出す山のなかの暮らし。

この聞慶あたりで緑豆やどんぐりのムクが盛んにつくられていたのは、かつてここに住みついたのが「火田民《ファジョンミン》」、つまり森林を焼き払って、いちから畑を耕し始めるほどの困窮を強いられていた人々だったからだ。爪に火を点すような山中の苛酷な暮らしのなかで、食べて生きていく。その手だてのひとつがどんぐりや畑で育てた緑豆のムクづくりなのだった。

「白米のごはんなど夢のまた夢でした。私が育ったころもたいてい粟飯。でも、やっぱり粟だけではつらくて、つるっとしたムクをごはんに混ぜて喉を通りやすくして食べていた。このムクチョパプは、つまり、そういう貧しさの名残のごはんなんです」

どんぐりは割って中身を天日で乾かし、水に浸してふやかす。そののち5日間ほど水を取り替えながら、じっくりえぐみを抜くという。この日は緑豆のムクづくりを見せてもらった。緑豆は粉に碾き、あらかじめ4〜5時間水に浸して十分ふやかしておく。それを目の詰まった袋に入れ、水のなかでごしごし揉む。何度も何度も力強く揉みしだいてゆくと、どんどん水が濃い乳白色に変化する。これが緑豆のでんぷんである。その作業を見ていると、もうじゅうぶん汁は濃いのに、妻のナムボクさんは辛抱強く揉み続け

手間を惜しんでは、ムクはつくれない。碾いた緑豆の粉を袋に入れて水に浸し、力をこめて揉み続ける。でんぷんが溶けでて、水は乳白色に染まって泡立つ。

る。洗濯ものみたいにおおきな泡がぶくぶく立ってしばらく過ぎてから、ようやく腰を起こした。

　そこで、こんどは主役交代となる。妻が搾った汁を、こんどは夫のチャンボクさんがざばーっと勢いよく大釜に注ぎ入れ、薪の火にかける。使いこんだ木のへらをときおり差し入れ、静かにかき回しながら30分。ぼこっ、ぼこっ。地獄の釜のように恐ろしげに沸騰し始めたのを合図に火をすこし弱め、またもや根気よくかき混ぜる。そうして1時間が過ぎた。

　釜のなかをのぞきこんで、おどろいた。ついさっきまで不透明の乳白色だったのに、うっすらとうぐいす色。ぜんたいにもったりと粘度が加わって、いかにも重そうだ。差しこんだ重いへらを夫が持ち上げると、そのタイミングを知っていたかのように妻が手を伸ばし、へらにくっついた粘りをすばやく削ぎ、へらを軽くする。

「トゥムトゥリダという言葉があります。じっくり熟すように残り火で火を通すという意味です」

「いま火を止めてもムクはできる。でも、じつはここからのもうひと呼吸が大事なのです。釜のなかをたっぷり熟させてやらなくては、うちのムクの味にはなりません」

　へらで静かにすくい上げると、鍋の中身がとろーんと光

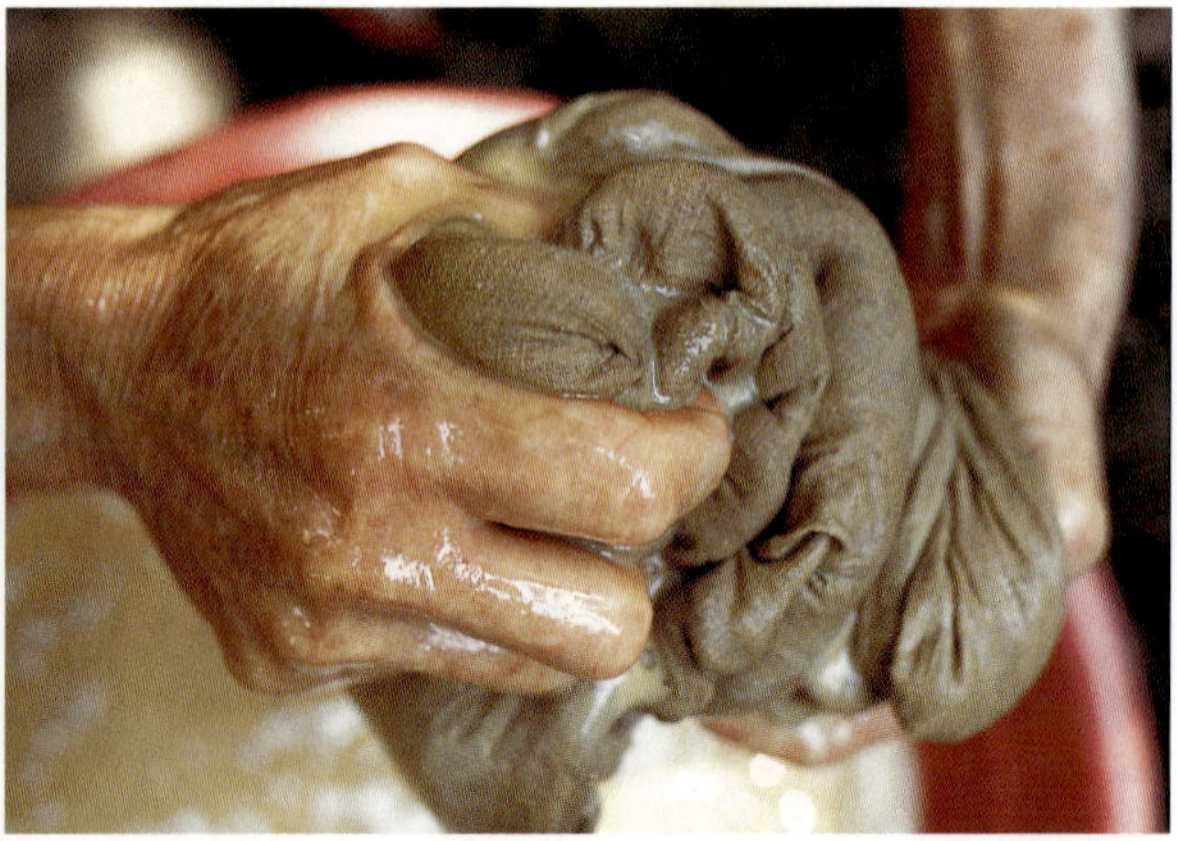

えぐみの強いどんぐりは、何度も繰り返しあく抜きをしてから粉に碾き、でんぷんを取ってつくる。独特のほろ苦さ、えぐみは一度知ると、やみつきになる味わいだ。

すべて山の幸。
からだに寄り添うおいしさ
切り干しだいこんやコサリなどのナムル、にらの和えもの、トマトのチャンアチ、山の大ごちそうが運ばれる。

を放ちながら絹のリボンのように垂れた。

容器に注ぎこんだのち、ムクづくりはひと晩をまたぐ。その翌朝ふたたび訪ねると、果たしてムクはむっちりと固まっていた。指で押すと、ぐいっと跳ね返してくる強い弾力。まじりっけなし、緑豆のでんぷんと山の湧き水以外いっさい入らない純粋なムクのできあがりだ。

舌触りはきわめて繊細、きめ細やか。噛んだとたん、ほろほろと崩れてしまいそうなほど上品な仕上がりである。簡単に「おいしい」などと口走ってはいけない気にさせられた。

「緑豆は栄養価が高く、昔はごまより値段が高かった。とても貴重な食材だったんです」

だからそのぶん質の違いは歴然とする。箸でつまむとすぐちぎれたり、色が透明なものは、緑豆以外のでんぷんを入れたり、薄めて固めているせいだ。

さあムクが出来上がると、いよいよ「噂の食堂」のムクチョパプの登場だ。ごはんに餅粟を混ぜて炊くのは、聞慶地方独特の炊きかた。つくりたての緑豆のチョンポムクを餅粟入りのごはんにのせ、ヤンニョムをたらしてチョッカラで混ぜる。

「さっくり混ぜてくださいね。そして、混ぜたら大急ぎで

どんぐりのムㇰには辛いヤンニョムがよく合う。ごはんといっしょに、山のごちそうがずらりとテーブルに並んだ。夫妻は、近くに持っている果樹園でりんごや梨も栽培している。

食べる。これがおいしく食べる秘訣なの」

つるり、むっちり、とろり……口のなかでごはんとムㇰが、生きもののようにからんで跳ねる。ところが、ひとくちごと食べたとたんに羽がはえ、どこかへすーっと消えていく。その軽やかさといったらない。びっくりしながら食べるうち、あっというまに平らげてしまった。スッカラを置いて、ああそうなのだと気がついた。この繊細なおいしさの源流は、聞慶の水の味。こんこんと湧き出る山の清水が、すべてをひとつに結び合わせていた。

それにしても夫婦ふたり、よく働くこと。帰りぎわに夫は妻を見遣って、照れもせず言うのだった。

「21のとき見合いをして結婚して、それから50年、いつもふたりでかっこよく生きてきたよ」

毎朝5時に起きて、一日中からだを動かして夜中まで働いても、こんなに毎日がたのしいんです。そう言って、いっしょにほがらかに笑うのだった。

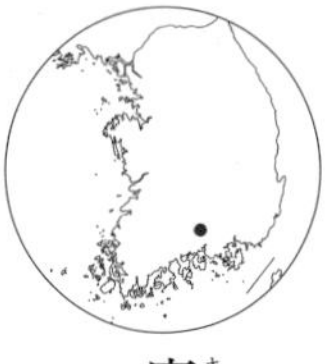

慶尚南道《キョンサンナムド》・晋州《チンジュ》

晋州式ピビムパプ

진주비빔밥
［チンジュピビムパプ］

◉天凰食堂《チョンファンシッタン》 천황식당

80年、変わらない味がある。ちいさな食堂は晋州の誇り

あの店の、あの味がなつかしくて旅にでたくなる。そんな気にさせるのが晋州の「天凰食堂」のピビムパプだ。町角のちいさな食堂である。店のまんなかにおおきなストーブ。ちんまり行儀よく配置されたテーブルと椅子。こざっぱりとして簡素な空間なのだが、居心地のよさはとびきりだ。はじめてなのに、いつか来たことがあるような。

80年前からずっとここにある。そもそも晋州はピビムパプ発祥の地と呼ばれているのだが、話は４００年と少しさかのぼる。１５９２年、広々と緑豊かだった晋州城は日本との壮烈な戦いの場と化した。日本軍の細川忠興ら率いる2万の軍勢に城を包囲され、撃退。しかし翌年、追い打ちをかける豊臣秀吉に侵攻され、ついに陥落の運命をたどった。苛酷な戦いが繰り広げられるなか、城に石を運びこむ労役を負った人々が簡便に栄養のある食事ができるように、と生まれた料理。それが、ごはんの上にふんだんにおかずをのせるピビムパプなのだった。

「いらっしゃい」

店の奥から気さくな笑顔がのぞいた。キム・チョンヒさ

8種類のナムルとユッケがあっという間にさっくりと混じり合う。食べ心地のとくべつな軽さは、南の晋州を目指して旅をしなければ味わうことができない。

すべて義母から受け継いだ。
老舗の味は手から手へ渡される

ん、53歳。「天凰食堂」の末っ子と結婚して28年、今では店を一手に引き受けて伝統の味を預かる3代めだ。

翌朝8時過ぎ、まず「天凰食堂」の仕事ぶりを見せてもらうことになった。買い物や仕込みを、キムさんは毎朝早くから始める。買い物先は、すぐ裏手の市場のなか。野菜も牛肉もごま油も唐辛子も、取引先は開店以来おなじ。エプロン姿のままくるくる回って、仕入れをすませる。

「野菜は毎日新鮮なものを買います。ごま油も、必ずその日の搾りたて。代々ずっと店が守ってきた決めごとです」

急いで店に戻り、キムさんは厨房に駆け込む。まず最初に手をつけたのは、買いたての乾燥ムール貝と干しだこ。ふたつを小鍋に入れて水を入れ、ことこと煮始めた。

「これが、うちの味の秘密です」

あっさり言うので、こちらが拍子抜けしてしまう。

「濃く煮出しただし汁を、ピビムパプに少しかけるのです。つまり天然のうまみ調味料というわけです。つくりかたは義母から教わりました」

柔らかく煮えた乾燥ムール貝は細かく刻んで生の牛肉に混ぜ、叩いてユッケにする。これは晋州のスタイルだ。

「天凰食堂」の開店は正午。つくり置きは一切なしだから、午前中の3、4時間が勝負どきだ。こしらえるナムルだけ

3代めとして味を守るキム・チョンヒさん。野菜を洗うのも、味つけをするのも、自分の手がいちばんだいじな調理道具だ。手が「天凰食堂」の伝統を引き継ぐ。

で最低8種類。大豆もやし、だいこん、スクチュ（もやし）、ほうれんそう、ミナリ（せり）、コサリ（わらび）、ねぎ、板海苔。14年相棒を務める手伝いの女性とふたり、惚れ惚れする手早さでナムルに仕立てていく。

とはいえ、その量の多いこと。大豆もやしひとつゆでても、釜からすくい上げた大ザルがしなる。だいこん、ほうれんそう、金だらいに山盛り。大きな板海苔はばりばりちぎってほぐす……脇目もふらず手を動かす様子に年季がこもる。けれども、注意ぶかく見るうち、わかってくる。ナムルひとつずつ、調理法も味つけも、微妙に、または大きく違う。だいこんは醤油だけ入れてさっと炒める。スクチュはじっくり火を通してゆでるけれど、ほうれんそうは緑が鮮やかに変わったら、すぐ引き上げる。ミナリの味つけは醤油、ごま、ごま油。コサリはあらかじめ細かく刻んでおき、くわえるのは醤油とこしょうだけ。

「義母の隣で手伝いながら覚えました。ミナリを和えるとき、指に力を入れてしっかり揉みこむのも義母のやりかたです。2代めが引き継いだ味を3代めの私が変えてしまっ

毎朝何時間もかけて仕込むナムルの数々。ユッケのほかに8、9種類のナムルを用意して盛る。丁寧に細く刻むことで、繊細な舌触りをだす。

絶品の定食、わずか7000ウォン。自慢の古漬けキムチ、特製牛のスープつき

低い屋根の建物は1950年代につくられた日本式の住宅様式。中庭に面したちいさな部屋は、開店当時は家族の住居として使っていたという。

ては、店の味を変えてしまうことになりますから」

「天凰食堂」では塩を使わない。基本は手づくりの醤油、テンジャン、コチュジャン。中庭に並べたハンアリに、毎年どっさり仕込んで惜しげなく使う。

大量のナムルをつくりながら、同時にかたわらの大鍋でソゴギソンジクㇰ（牛の血のスープ）を煮込み、手が空いたら、プルコギ用の牛肉を刻んで素手でヤンニョムを揉みこむ。正午前にぜんぶを終え、白菜キムチとカクトゥギ（大根キムチ）を小分けして、ようやく用意が終わった。

今日の一番のお客は私たちだ。これが食べたくて晋州までやってきた。スッカラをぐっと差し入れ、さっそく動かし始めるとあっというまに混ざる。ナムルもユッケもたくさん盛りこんであるのに、こまかく切ってあるから、ごはんにさくさく馴じむ。

「結婚して初めて食べたとき、あまりのおいしさにびっくりしました。それ以来、どこで食べても、やっぱり自分の店のこの味が一番おいしい。この味に戻ります」

初代の味を知っているお客さんが、帰りがけにキムさんの手を握ってこう言うのが聞こえた。

「『天凰食堂』の味は晋州の誇りです。いつまでも残してくださいね。お願いしますよ」

ピビムパプのふるさと、晋州の町を歩く

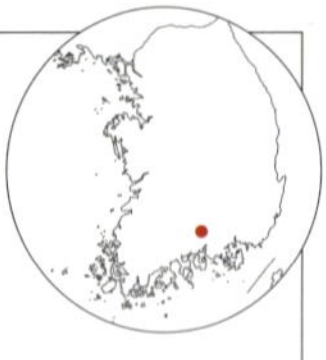

晋州に注ぎこむ
南江の水面が、
まるで鏡のように
空の色彩を映しだす

朝がた、町に流れこむ南江の水面に薄靄がかかり、朝陽が射しこんで光る。まんまんと静謐を湛えて迎える一日のはじまり。みずみずしい野菜。清涼な水のおいしさ。ちいさな食堂の味わい。また逢いにいきたかった。

何度でも訪れたい町がある。30年ちかく韓国全土を数え切れず旅してきたけれど、とりわけ晋州にはとくべつな忘れがたさ、親しさがあった。山に囲まれ、町ぜんたいをつつむ静かな透明感。ただのんびりしているのではない。どこか引き締まって、強靭で、見えない一点に収斂していくような焦点が空気のなかに感じ

원성상회
점41-6185 자42-7992

해성떡집
홍삼
기능성 속옷
세영아울렛

られる。だから1度めの旅を終えるとき、早くも2度めの旅を恋うていた。そして、今日ふたたび。

晋州は古い時間をたいせつに懐に抱く町だ。みどり豊かな晋州城《チンジュソン》は、文禄・慶長の役では激しい攻防戦の舞台となった。一周1760メートルにおよぶ高い城壁に守られた広大な城は、韓国と日本のあいだに起こった歴史の重みを引き受けながら静かに佇む。連綿と語り継がれてきた晋州の誇り、それが「義岩《ウィアム》」と「義妓《ウィギ》祠《サ》」だ。1593年、上陸した日本軍の大将を官妓の朱論介《チュノンゲ》が岩場に誘い出し、もろとも水中に身を投じて殉じた。その岩場は「義岩」として、国への忠節を讃える碑は「義妓祠」として、いまでも城のほとりに伝えられている。さらには、南江に架かる橋の脚には、彼女が身につけていた指輪を模した意匠がはめこまれている。

ひとりの芸妓をシンボルとして敬い、慈しみ、だれもが愛しつづける町。こんな土地は韓国のどこにもない。

みなが口を揃える。「ここは風水のよ

市場あるき、骨董めぐり。韓国の文化に分け入ってゆく

広大な晋州城の塀から義岩のある岩場を望む。後方に架かっている橋の脚には朱論介が指にはめていたといわれる指輪をかたどった意匠がほどこされている。
右は晋州総合市場。下右は楼閣「矗石楼」。伝統のある町には骨董店も多かった。

いところだよ」。韓国の3神山のひとつとして知られる智異山《チリサン》をすぐ近くにひかえ、ゆたかな土壌、清らかな水、おだやかな気候。まるで慶尚南道の恵みを集めたような土地なのだ。旅を重ねたくなるとき、土地に呼びもどされる感覚を味わうことがある。晋州は、声高に「さあ来なさい」とは言わないけれど、ここに帰ってくる者があれば羽の下に包みこんで護る、そんな安寧を惜しみなく与える。

野菜のおいしさ、これはもうとびきりだ。水と土が育てる雑味のなさが一番の特徴。そのため辛味や塩味が控えめで、素材そのものの風味を引き出す軽妙さがある。これが晋州のおいしさ。

その思いをいっそうつよく煽るのは、ピビムパプである。そもそもピビムパプは晋州で誕生したといわれ、その昔、兵士たちに何種類もの野菜をふんだんにごはんにのせて供したのが、ことの発端とされる。今では韓国全土であまりにありふれた料理だが、晋州のピビムパプは「花《ファ》飯《パン》」と呼ばれる端正な佇まい。味わいはとてもデリケートだ。野菜の味わいも切

木の扉とガラス窓、瓦屋根のかわいい「天凰食堂」は、ドアを開けると、いつか来たことがあると思わせるなつかしさ。こんなきれいな味わいのピビムパプを食べたのは初めてだった。

ああこれ、なつかしいこの味。
晋州だけの繊細な「花飯」

りかたも水気の搾りかたも、なにもかもふわっとしている。混ぜたひとくちに独特の妙味があり、はじめて出合ったとき、こんな軽快なおいしさのピビムパプがあったのかと驚いた。

　いよいよ車が晋州に近づいた。あの「天凰食堂《チョンファンシッタン》」のピビムパプは、ほかの土地ではもちろん、自分で再現しようと試みてもむりだった。晋州の花形料理は、やっぱり土地の空気に生かされているのだ。

　1年ぶり、四つ角に面した入りぐちの扉を勇んで押す。ちいさな青い椅子と木のテーブル。清潔でかわいい台所。そして運ばれてきた一膳は、簡素でうつくしい。これ以上も、これ以下もない、きちんと手をほどこし尽くしてあつらえた「花飯」である。

　ああこれ、この味。食べるそばから、からだのうちがわに沁みこんでゆく。ついさっき市場にあふれていた野菜のみずみずしい色彩がぜんぶ、1杯のピビムパプのなかにきらめいていた。

　食堂を出ると、さあ歩きたいと足がよろこんだ。途切れた雲間から、昼下がりの金いろの光の束が射しこみ、幸福感でいっぱいになる。たしかにいま、わたしは祝福された土地に迎えられていた。

晋州の名物甘味処「スボクパンチプ」のふかしたてあんまん。夕方には売り切れ御免。

この美しい町の
とっておきの甘味処。
みんな嬉しそうに食べにくる

あんまんのこしあんがけ（チンパン、右）は、あんこの二重奏。揚げて飴に絡めた揚げあんまん（クルパン、左）は、ぱりっと香ばしい。

本書で紹介したお店のデータ

・各店のデータは、2010年11月現在のものです。
・電話は、日本からは010（国際電話識別番号）、82（韓国の国番号）をつけ、市外局番のはじめの0をとった番号にかける。02-123-4567ならば、010-82-2-123-4567となる。
・クレジットカードは略記。
A＝AMEX　D＝DINERS
J＝JCB　M＝MASTER　V＝VISA

【ソウル】

◉内江

ネガン
내강
［6〜9頁、MAP143頁A内］

・ソウル市中区茶洞172（서울시 중구 다동 172）
・電話02-777-9419
・M1・2号線市庁駅4番出口徒歩7分
もしくはM2号線乙支路入口駅1番出口徒歩7分
・営／3時〜22時
・休／日曜、祭日
・予約／不可
・カード／不可
・백반　ペクパン　白飯定食／W5500
（배춧국　ペチュックク　白菜スープ）

◉湧金屋

ヨングムオク
용금옥
［9〜11頁、MAP143頁A内］

・ソウル市中区茶洞165-1（서울시 중구 다동 165-1）
・電話02-777-1689
・M2号線乙支路入口駅1番出口徒歩7分
・営／11時〜22時　・休／第2・4日曜
・予約／したほうがよい　・カード／ADJMV
・추탕　チュタン　どじょう汁／W9000
・미꾸라지 부침　ミクラジプチム
どじょうの焼き物／W15000
・미꾸라지 볶음　ミクラジポックム
どじょうの炒め物／W18000
・더덕구이　トドククイ　ツルニンジンの焼き物／W13000
・약주　ヤクチュ　薬酒／W7000（やかん）

◉珍古介

チンコゲ
진고개
［12〜13頁、MAP143頁A内］

・ソウル市中区忠武路3街30-16
（서울시 중구 충무로3가 30-16）
・電話02-2267-0955
・M3・4号線忠武路駅6番出口徒歩5分
・営／11時〜22時　・休／第1・3・5日曜
・予約／したほうがよい　・カード／ADJMV
・갈비찜정식　カルビチムジョンシク
カルビの煮込み定食／W16000
・보쌈김치　ポッサムキムチ　包みキムチ／時価
・곱창전골　コプチャンチョンゴル　ホルモン鍋／W17000
・게장정식　ケジャンジョンシク　蟹定食／W15000

◉味成屋

ミソンオク
미성옥
［14〜15頁、MAP143頁A内］

・ソウル市中区明洞1街54-5
（서울시 중구 명동1가 54-5）
・電話02-776-1795、02-776-8929
・M2号線乙支路入口駅6番出口徒歩7分
・営／7時〜22時
・無休
・予約／不要
・カード／ADJMV
・설렁탕　ソルロンタン　ソルロンタン　並／W8000
・수육　スユク　ゆで肉（牛）小／W30000

◉麻浦チンチャ元祖チェデポ

（マポ チンチャ ウォンジョ チェデポ）
마포 진짜 원조 최대포
［16〜17頁、MAP142頁C内］

・ソウル市麻浦区孔徳洞255-5
（서울시 마포구 공덕동 255-5）
・電話02-719-9292
・M5・6号線孔徳駅5番出口徒歩1分
・営／10時〜24時
・無休
・予約／不要
・カード／ADJMV
・껍데기　コプテギ　豚の皮　1枚／W6000
・소금구이　ソグムグイ　豚の塩焼き　200g／W11000
・돼지갈비　デジカルビ　豚焼き肉　250g／W10000

●コマキムパプ

꼬마김밥

[18頁、MAP142頁B内]

・ソウル市鍾路区鍾路5街 広蔵市場
(서울시 종로구 종로5가 광장시장)
・電話02-2264-7668
・M1号線鍾路5街駅7番出口徒歩10分
・営/21時～(翌)18時
・休/土曜の晩から日曜の晩まで
・予約/不可
・カード/不可
・꼬마김밥 コマキムパプ
小さな海苔巻き 1皿/W2500
・유부초밥 ユブチョパプ いなり寿司 1皿/W2500

●奉天洞チン・スンジャ キムパプ

ポンチョンドン チン・スンジャ キムパプ

봉천동 진순자 김밥

[19頁、MAP143頁E内]

・ソウル市冠岳区青龍洞895-1
(서울시 관악구 청룡동 895-1)
・電話02-883-1824
・M2号線ソウル大入口駅4番出口徒歩10分
・営/6時30分～(翌)5時
・休/日曜
・予約/不可
・カード/不可
・계란말이김밥 ケランマリキムパプ
卵海苔巻き 1皿/W4000
・오뎅 オデン 練り物のスープ 1皿/W3000

●田舎家

シゴルチプ

시골집

[20～21頁、MAP143頁A内]

・ソウル市鍾路区鍾路2街12-1
(서울시 종로구 종로2가 12-1)
・電話02-734-0525
・M1号線鐘閣駅3番出口徒歩5分
・営/11時30分～22時
・無休
・予約/可
・カード/ADJMV
・석쇠불고기 ソクセプルコギ
焼き網プルコギ/W15000
・문어상 ムノサン たこスルサン/W43000
*水だこ、スルクク(スープ)、ソクセプルコギ、
モドゥムジョン(チヂミの盛り合わせ)

●盤浦チキン

パンポチキン

반포치킨

[22～23頁、MAP143頁D内]

・ソウル市瑞草区盤浦本洞753 盤浦商街J棟21号
(서울시 서초구 반포본동 753 반포상가 J동 21호)
・電話02-599-2825、02-599-1636
・M9号線旧盤浦駅3番出口徒歩1分
・営/9時30分～24時30分
・無休 ・予約/したほうがよい
・カード/ADJMV
・전기구이마늘치킨 チョンギクイマヌルチキン
電気焼きにんにくチキン/W14000
・오무라이스 オムライス/W7000

●クンギワチプ

큰기와집

[24～25頁、MAP143頁A内]

・ソウル市鍾路区昭格洞122-3
(서울시 종로구 소격동 122-3)
・電話02-722-9024
・M3号線安国駅1番出口徒歩10分
・営/11時30分～15時、17時～22時30分
・無休
・予約/可
・カード/ADJMV
・간장게장 한상 カンジャンケジャン韓床
蟹の醤油漬け定食/W40000～50000(時価)

●ハルモニチプ スンデ

할머니집 순대

[28～29頁、MAP142頁B内]

・ソウル市鍾路区鍾路5街 広蔵市場 東門B18号
(서울시 종로구 종로5가 광장시장 동문 B18호)
・電話02-2274-1332
・M1号線鍾路5街駅7番出口徒歩2分
・営/9時～23時
・休/第2日曜
・予約/不可
・カード/不可
・모듬순대 モドゥムスンデ 腸詰めの盛り合わせ/W5000
・순대국밥 スンデクッパプ スンデの汁飯/W5000
・막걸리 マッコルリ マッコリ/W3000

●**奨忠楽園トクチプ**
チャンチュンナグォントクチプ
장충낙원떡집
[30頁、MAP142頁B内]

・ソウル市鍾路区鍾路5街 広蔵市場
(서울시 종로구 종로5가 광장시장)
・電話02-2275-8069
・M1号線鍾路5街駅7番出口徒歩5分
・営/9時~19時30分
・無休
・予約/不可
・カード/不可
・수수부꾸미 ススプクミ 小豆入り黍お焼き/W1500

●**スンヒネ ピンデトク**
순희네 빈대떡
[31頁、MAP142頁B内]

・ソウル市鍾路区鍾路5街138-9 広蔵市場
(서울시 종로구 종로5가 138-9 광장시장)
・電話02-2268-3344
・M1号線鍾路5街駅7番出口徒歩3分
・営/8時~24時
・無休
・予約/不可
・カード/不可
・빈대떡 ピンデトク 緑豆のお焼き(チヂミ)/W4000

●**ユッケチャメチプ**
육회 자매집
[32頁、MAP142頁B内]

・ソウル市鍾路区鍾路4街177 広蔵市場
(서울시 종로구 종로4가 177 광장시장)
・電話02-2274-8344、02-2272-3069
・M1号線鍾路5街駅8番出口徒歩7分
・営/9時~23時
・休/第1日曜
・予約/不要
・カード/ADJMV
・www.zamezip.com
・육회 ユッケ 肉の刺身 200g/W12000
・간・천엽 カン・チョニョプ レバー刺し・センマイ刺し/W12000

●**忠清道麦飯チプ**
チュンチョンド ポリパプチプ
충청도 보리밥집
[33頁、MAP142頁B内]

・ソウル市鍾路区鍾路5街 広蔵市場 東部A47
(서울시 종로구 종로5가 광장시장 동부 A47)
・電話02-2268-4537
・M1号線鍾路5街駅7番出口徒歩5分
・営/6時~19時
・休/第4日曜
・予約/不要
・カード/不可
・보리밥 ポリパプ 麦入りピビムパプ/W4000

●**徳寿宮伝統茶房**
トクスグン チョントン チャッチプ
덕수궁 전통 찻집
[34~35頁、MAP143頁A内]

・ソウル市中区西小門洞54-1 2F
(서울시 중구 서소문동 54-1 2층)
・電話02-773-0885
・M1・2号線市庁駅10番出口徒歩2分
・営/9時~22時
・休/日曜、祝日
・予約/不要 ・カード/不可
・십전대보차 シプチョンテボチャ 十全大補茶/W5000
・오미자차 オミジャチャ 五味子茶/W5000
・대추차 テチュチャ なつめ茶/W5000
・생맥산 センメクサン 生脈散/W6000

【韓国全土】

●**オボクソンドゥブ**
오복손두부
[44~51頁]

・京畿道広州市中部面山城里413
(경기도 광주시 중부면 산성리 413)
・電話031-746-3567
・地下鉄8号線山城駅2番出口から
バス(9、9-1、52番)に乗り、終点の南漢山城で下車。
バス停から徒歩4分、中央駐車場内にある
・営/8時~21時30分 ・無休
・予約/したほうがよい ・カード/ADJMV
・주먹두부 チュモクトゥブ おにぎり豆腐/W7000
・두부전골 トゥブチョンゴル 豆腐鍋 大/W23000 小/W18000

◉**テギルトジョンオッタク**
대길토종옻닭
[52〜59頁]
・京畿道利川市麻長面冠里655-23
（경기도 이천시 마장면 관리 655-23）
・電話031-637-0627
・ソウル高速バスターミナルから
利川総合バスターミナルまで約1時間（約30分間隔）。
利川総合バスターミナルより
タクシーで約20分（片道約2万ウォン）
・営／11時〜20時　・休／火曜
・予約／したほうがよい　・カード／ADJMV
・옻닭　オッタク　漆入り鶏スープ
大／W45000（3〜4人分）小／W15000（1人分）
・삼계탕　サムゲタン　鶏の韓方煮込み
大／W45000（3〜4人分）小／W15000（1人分）

◉**松川ソムンナン トクチプ**
ソンチョン ソムンナン トクチプ
송천 소문난 떡집
[60〜67頁]
・江原道襄陽郡西面松川里79-1
（강원도 양양군 서면 송천리 79-1）
・電話033-673-1316、033-673-4316
・ソウル高速バスターミナル又は東ソウル総合ターミナルから
襄陽高速バスターミナルまで約3時間。
襄陽高速バスターミナルから車7分
・営／10時〜17時　・無休
・予約／購入する10日前に要予約　・カード／不可
・인절미　インジョルミ　수리취인절미　スリチインジョルミ
콩송편　コンソンピョン　すべて約7kg／W50000
韓国国内のみ注文配達可能。受け取り予定日の10日前に要予約

◉**元祖セムパッマックス**
ウォンジョセムパッマックス
원조샘밭막국수
[68〜75頁]
・江原道春川市新北邑泉田里118-23
（강원도 춘천시 신북읍 천전리 118-23）
・電話033-242-1702、033-242-1712
・セントラルシティーターミナル
又は東ソウル総合ターミナルから
春川市外バスターミナルまで約1時間半。
春川市外バスターミナルからタクシーで約15分。
又は市内バス（11、18、12-1番）で約25分、
泉田3里（チョンジョンサムリ）で下りてすぐ
・営／10時〜21時
・無休
・予約／したほうがよい
・カード／ADJMV
・막국수　マックス
そば粉の麺／W5000
・순두부　スンドゥブ
おぼろ豆腐／W4000
・감자전　カムジャジョン
じゃがいものチヂミ／W5000

◉**イ・キナム ハルモニ コチュジャン**
이기남 할머니 고추장
[76〜83頁]
・全羅北道淳昌郡淳昌邑佳南里279
（전라북도 순창군 순창읍 가남리 279）
・電話063-653-3429
・セントラルシティーターミナルから
淳昌バスターミナルまで約3時間半。
淳昌バスターミナルよりタクシーで約5分。
「イ・キナム ハルモニ コチュジャン」といえばわかる
・営／11時〜17時
・休／土曜、日曜
・カード／ADJMV
・日本からの電話注文、日本への発送可能（韓国語のみ）
＊イ・キナムおばあちゃんのつくるコチュジャンや
チャンアチなどは直接注文可能
・고추장　コチュジャン　1kg／W15000
・장아찌　チャンアチ　漬物類　1kg／W20000〜
＊柚子片姜、薬菓は電話予約での注文のみ可能
柚子片姜1kg／W30000、薬菓1kg／W20000
＊また新世界百貨店江南店、永登浦店の地下食品コーナーで
チャンアチを販売

◉新世界百貨店江南店
신세계백화점 강남점
・ソウル市瑞草区盤浦洞19-3　地下食品売場
（서울시 서초구 반포동 19-3　지하 음식층）
・電話02-1588-1234（新世界百貨店代表）
・地下鉄3・7・9号線高速ターミナル駅から
地下通路でつながっている
・営／10時30分〜20時
・不定休（月1回）
・カード／ADJMV

◉**青梅実農園**
チョンメシルノンウォン
청매실농원
[84〜87頁]

・全羅南道光陽市多鴨面道士里414
（전라남도 광양시 다압면 도사리 414）
・電話061-772-4066
・ソウル南部バスターミナルから
河東（ハドン）市外公用停留所までバス約5時間、
釜山西部ターミナルから
河東公用停留所まで約2時間20分。
河東公用停留所から車で約10分
・終日見学自由　売店は営／8時〜17時
・無休
・予約／不要
・カード／ADJMV
・www.maesil.co.kr
・청매실된장　チョンメシルテンジャン
青梅味噌　500g／W10000
・청매실고추장　チョンメシルコチュジャン
青梅コチュジャン　500g／W15000
・청매실원　チョンメシルウォン
梅ジュースの濃縮液　600g／W18000

◉**南港フェッチプ**
ナムハンフェッチプ
남항횟집
[88〜95頁]

・釜山市機張郡機張邑大辺里447-6
（부산시 기장군 기장읍 대변리 447-6）
・電話051-721-2302
・釜山市内（西面）から車30分、海雲台から車15分。
又は海雲台から181番バスで30分、
大辺港（テビョンハン）で下車後すぐ
・営／9時〜22時
・休／第2・4火曜
・予約／不要　・カード／ADJMV
・멸치찌개　ミョルチチゲ
いわしチゲ　小／W20000　大／W30000
・멸치회　ミョルチフェ　いわしの刺身
小／W20000　中／W30000　大／W40000

◉**キジャンコムジャンオ**
기장곰장어
[88〜95頁]

・釜山市機張郡機張邑侍郎里572-4
（부산시 기장군 기장읍 시랑리 572-4）
・電話051-721-2934、051-722-5580
・釜山市内（西面）から車30分、海雲台から車15分。
又は海雲台から181番バスで25分、
ボンスマウルにて下車後すぐ
・営／9時〜21時　・無休
・予約／不要　・カード／ADJMV
・www.pusanfish.co.kr
・짚불구이　チププルクイ
ヌタウナギのわら焼き　1kg／W42000

◉**カチクモンチプ**
까치구멍집
[96〜103頁]

・慶尚北道安東市象牙洞513-1
（경상북도 안동시 상아동 513-1）
・電話054-821-1056、054-855-1056
・セントラルシティーターミナルから
安東ターミナルまで約3時間。
安東ターミナルから車10分
・営／10時30分〜21時30分
・休／旧正月、旧盆
・予約／不要
・カード／ADJMV
・헛제사밥　ホッチェサパプ
にせものの法事料理／W8000
・양반상　ヤンバンサン
ホッチェサパプにいくつか料理が追加／W13000

◉**土俗亭**
トソッチョン
토속정
[104〜111頁]

・忠清北道槐山郡青川面青川里62-12
（충청북도 괴산군 청천면 청천리 62-12）
・電話043-832-0979
・東ソウル総合バスターミナルから青川停留所まで
バスで約3時間20分、青川停留所で下車後、徒歩1分
・営／8時〜21時　・不定休
・予約／しなくてよい　・カード／ADJMV
・올갱이 해장국　オルゲンイ ヘジャンクク
巻き貝のスープ／W6000
・올갱이 전골　オルゲンイチョンゴル
巻き貝の鍋もの　大／W30000　中／W20000
・올갱이 부침개　オルゲンイ プチムゲ　巻き貝のチヂミ／W10000
・올갱이 무침　オルゲンイ ムチム　巻き貝の和え物／W30000

◉**クェガン オシプニョン ハルモニチプ**
괴강 50년 할머니집
［104〜111頁］

・忠清北道槐山郡槐山邑大徳里93
（충청북도 괴산군 괴산읍 대덕리 93）
・電話043-834-2974
・東ソウル総合バスターミナルから槐山市外バスターミナルまで約2時間、槐山バスターミナル下車後、車5分。青川から槐山までは車で約30分
・営／9時〜21時
・無休
・週末は要予約
・カード／ADJMV
・쏘가리조림 ソガリチョリム ソガリの煮つけ
小・2人前／W50000、
中・3人前／W65000、
大・4人前／W80000
・쏘가리회 ソガリフェ
ソガリの刺身 1kg／時価（4日前までに予約が必要）

◉**噂の食堂**
ソムンナンシッタン
소문난식당
［112〜119頁］

・慶尚北道聞慶市聞慶邑下草里344-15
（경상북도 문경시 문경읍 하초리 344-15）
・電話054-572-2255
・東ソウル総合バスターミナルから聞慶バスターミナルまで約2時間。聞慶バスターミナル下車後、車5分
・営／10時〜21時
・無休
・予約／したほうがよい
・カード／ADJMV
・도토리묵조밥 정식 トトリムクチョパプチョンシク
どんぐりのムク定食／W10000
・청포묵조밥 정식 チョンポムクチョパプチョンシク
緑豆のムク定食／W10000

◉**天凰食堂**
チョンファンシッタン
천황식당
［120〜127頁］

・慶尚南道晋州市大安洞4-1（경상남도 진주시 대안동 4-1）
・電話055-741-2646
・ソウル高速バスターミナルから晋州高速バスターミナルまで約3時間50分。釜山西部バスターミナルから晋州市外バスターミナルまで約1時間半。晋州高速バスターミナルから車で5分。あるいは晋州駅から車で5分
・営／9時〜21時 ・休／第1・3月曜
・予約／不要 ・カード／ADJMV
・진주비빔밥 チンジュピビムパプ 晋州式ピビムパプ／W7000
・불고기 プルコギ／W20000
・육회 ユッケ／W30000

◉**スボクパンチプ**
수복빵집
［134〜135頁］

・慶尚南道晋州市平安洞152（경상남도 진주시 평안동 152）
・電話055-741-0520
・ソウル高速バスターミナルから晋州高速バスターミナルまで約3時間50分。釜山西部バスターミナルから晋州市外バスターミナルまで約1時間半。晋州高速バスターミナルから車で5分。あるいは晋州駅から車で5分
・営／10時30分〜17時 ・休／正月、旧正月、旧盆
・予約／不要 ・カード／不可
・찐빵 チンパン あんまんのこしあんがけ 5個／W2000
・꿀빵 クルパン 揚げあんまん 3個／W2000

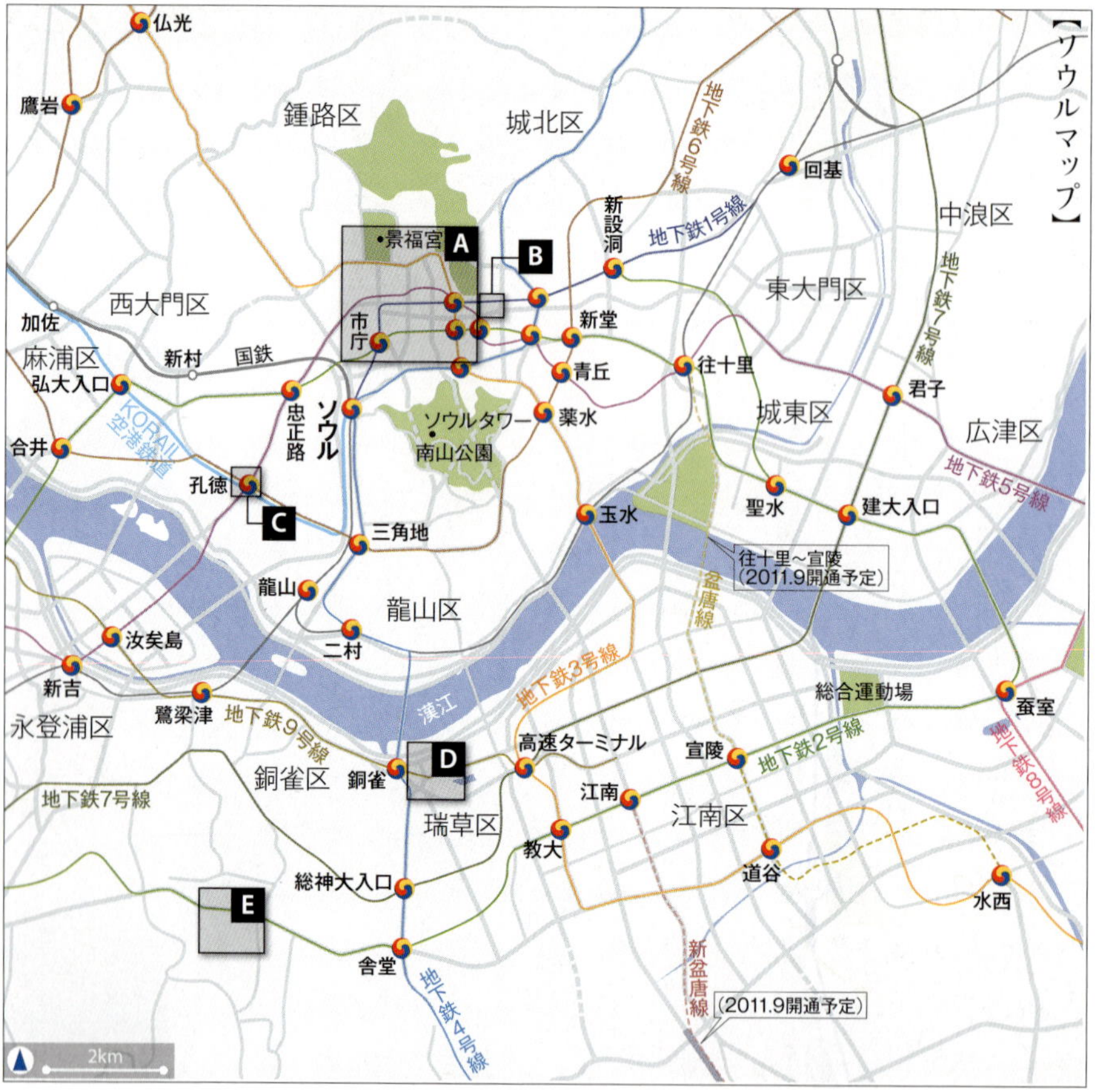
【ソウルマップ】
仏光
鷹岩
鍾路区
城北区
地下鉄6号線
回基
中浪区
新設洞
地下鉄1号線
地下鉄7号線
景福宮
A
B
西大門区
東大門区
加佐
新堂
市庁
麻浦区
新村
国鉄
青丘
往十里
弘大入口
君子
KORAIL空港鉄道
忠正路
ソウル
ソウルタワー
南山公園
薬水
城東区
広津区
合井
地下鉄5号線
孔徳
C
聖水
建大入口
三角地
玉水
往十里～宣陵
(2011.9開通予定)
龍山
龍山区
盆唐線
汝矣島
二村
新吉
地下鉄3号線
総合運動場
蚕室
鷺梁津
漢江
永登浦区
地下鉄9号線
D
高速ターミナル
宣陵
地下鉄2号線
地下鉄8号線
銅雀区
銅雀
江南
地下鉄7号線
瑞草区
江南区
教大
道谷
総神大入口
水西
E
舎堂
新盆唐線
(2011.9開通予定)
地下鉄4号線
2km

C
大興駅へ
麻浦チンチャ元祖チェデポ
P16
麻浦路
地下鉄6号線
ロッテシティホテル
弘大入口駅へ
529
5番出口
西江路
孔徳
コンドク
KORAIL空港鉄道
孝昌公園前駅へ
626
地下鉄5号線
孔徳
百凡路
(2011.5開業予定)
100m
麻浦駅へ
ソウル駅へ

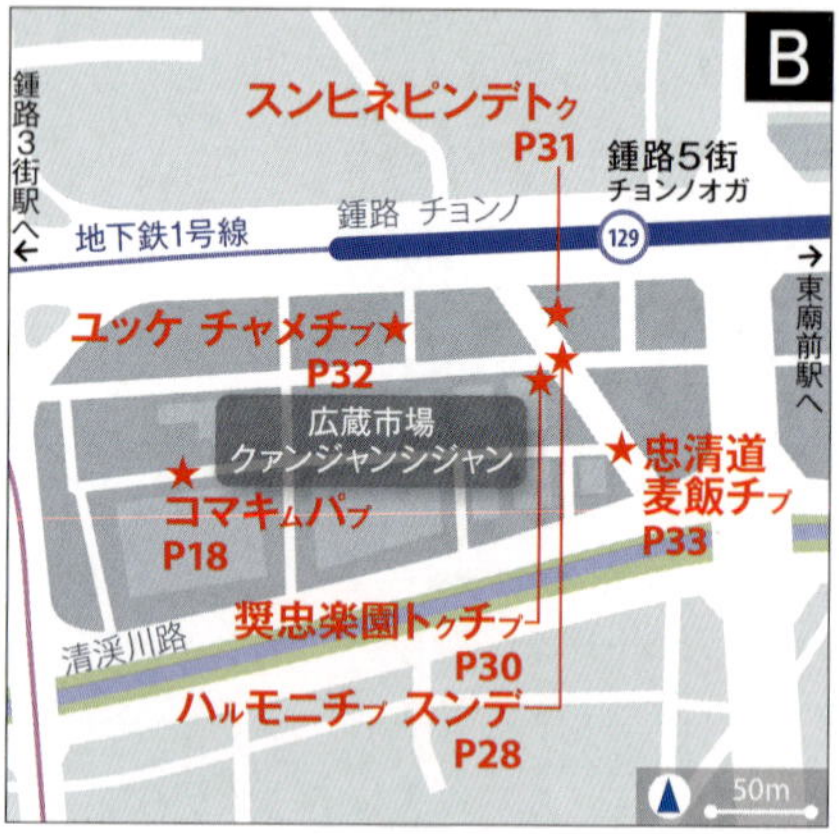
B
鍾路3街駅へ
スンヒネピンデトク
P31
鍾路5街
チョンノオガ
地下鉄1号線
鍾路 チョンノ
129
東廟前駅へ
ユッケ チャメチプ
P32
広蔵市場
クァンジャンシジャン
忠清道
麦飯チプ
P33
コマキムパプ
P18
清渓川路
奨忠楽園トクチプ
P30
ハルモニチプ スンデ
P28
50m

A
国立民俗博物館
景福宮
慈慶殿
孝子路
三清洞通り
★クンギワチッ P24
昌徳宮
昌慶宮
勤政殿
憲法裁判所
独立門駅へ
景福宮
キョンボックン
327
光化門
栗谷路
安国
アングッ
328
ユルゴンノ
雲峴宮
敦化門路 トナムンノ
地下鉄3号線
宗廟
日本
大使館
世宗路 セジョンノ
郵政局路
仁寺洞通り
三一路 サミルロ
534
世宗文化会館
533
地下鉄5号線
仁寺洞
鍾路3街
チョンノサムガ
光化門
クァンファムン
田舎家
★P20
タプコル
公園
329
鍾路タワー
セムナンギル
鍾路 チョンノ
131
130
鍾路5街駅へ
地下鉄1号線
西大門駅へ
光化門
郵便局
鐘閣
ジョンガッ
三一路
太平路 テピョンロ
南大門路
清渓川
内江
P6★
★
湧金屋
P10
サミルロ
ソウル市庁
徳寿宮
132
202
203
乙支路4街駅へ
地下鉄2号線
乙支路3街
ウルチロサムガ
330
徳寿宮伝統
茶房
P34
市庁
シチョン
市庁前
広場
ロッテ百貨店
乙支路入口
ウルチロイック
味成屋 P14
市庁
シチョン
忠正路駅へ
201
小公路
ナムデムンロ
明洞通り
珍古介
P12★
200m

E
奉天
ポンチョン
229
新林駅へ
地下鉄2号線
新大方通り
南部循環路
1番出口
落星垈駅へ
4番出口
228
ソウル大入口
ソウルデイック
奉天洞
チン・スンジャキムパプ
P19
冠岳路
200m

D
漢江市民公園（盤浦）
オリンピックテロ
新盤浦駅へ
銅雀駅へ
新盤浦路
地下鉄9号線
L Luce
921
旧盤浦
クバンポ
盤浦チキン
P22
地下鉄4号線
銅雀駅へ
総神大入口駅へ
砂平路
200m

写真
日置武晴……下記以外
Lee ChungMin（BAOBAB）……p36-43, p85-87, p140右上
菅野健児（新潮社写真部）……p5-17, p20-23, p26-35, p136-137, p138左下以外, p141左下

コーディネート／金順慶・金壽香

ブックデザイン／山口デザイン事務所（山口信博＋大野あかり）

地図製作／大野あかり……p3
アトリエ・プラン（網谷貴博＋村大聡子）……p142-143

本書は、「旅」（新潮社刊）2009年6月号掲載の韓国特集
および「スッカラ」（スッカラ刊）2006年10月号～2007年10月号掲載の
「『手の味』を探る」を元に再編集、大幅に改稿し、
新取材をくわえて、まとめたものです。

食《た》べる旅《たび》
韓《かん》国《こく》むかしの味《あじ》

発行　2011年1月25日

著者　平松洋子《ひらまつようこ》
発行者　佐藤隆信
発行所　株式会社新潮社
住所　〒162-8711 東京都新宿区矢来町71
電話　編集部　03-3266-5611
読者係　03-3266-5111
http://www.shinchosha.co.jp
印刷所　半七写真印刷工業株式会社
製本所　加藤製本株式会社
カバー印刷所　錦明印刷株式会社

ISBN978-4-10-602215-9 C0326